하이! 코리안

Hi! KOREAN
Workbook

KB195069

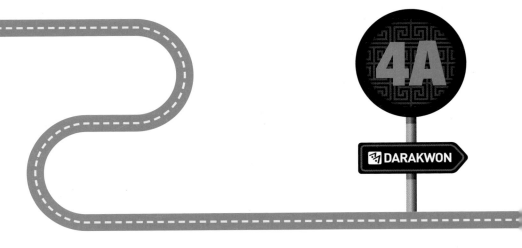

4A

DARAKWON

일러두기

〈Hi! Korean Workbook 4〉는 〈Hi! Korean Student's Book 4〉와 함께 수업 시간에 활용할 수 있는 교재로, '1단원~12단원'이 '문법 연습', '어휘와 표현', '듣기 1, 2', '읽기 1, 2', '실전 쓰기'로 이루어져 있다. Student's Book에서 학습한 내용을 '대화 완성하기', '짧은 글짓기', '선택형 문항', '작문' 등 다양한 형태로 연습할 수 있도록 하였다.

문법 연습

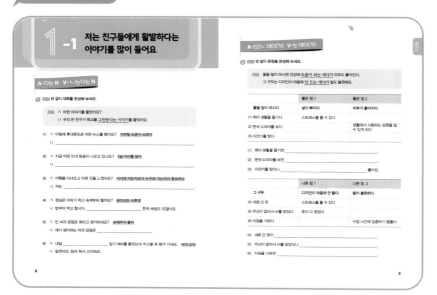

목표 문법을 사용해 대화를 완성하는 연습을 하고 〈보기〉를 참고해 글을 완성하는 연습을 한다.

어휘와 표현

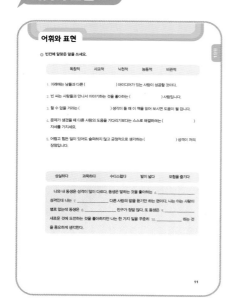

학습한 어휘와 표현을 맥락 속에서 사용하는 연습을 한다.

듣기 1, 2

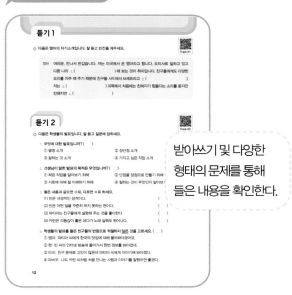

받아쓰기 및 다양한 형태의 문제를 통해 들은 내용을 확인한다.

읽기 1, 2

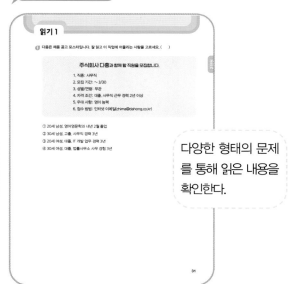

다양한 형태의 문제를 통해 읽은 내용을 확인한다.

실전 쓰기

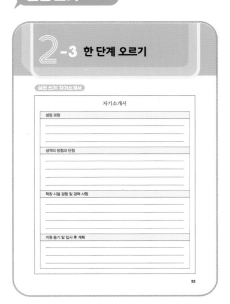

단원에서 학습한 주제로 300자 이내의 글을 완성하는 연습을 한다.

 정답: 소단원 1, 2의 '문법 연습', '어휘와 표현', '듣기 1, 2', '읽기 1, 2'에 대한 모범 답안을 제공한다.

목차

저를 소개합니다!
- 성격, 장단점
- 잘하는 것
- 성장 과정

music

CHAPTER

01

소개

1-1 저는 친구들에게 활발하다는 이야기를 많이 들어요

A-다는 N   V-ㄴ/는다는 N

1 보기 와 같이 대화를 완성해 보세요.

> 보기   가 어떤 이야기를 들었어요?
>
> 나 우리 반 친구가 학교를 <u>그만둔다는</u> 이야기를 들었어요.

(1) 가 아침에 휴대폰으로 어떤 뉴스를 봤어요?   지하철 요금이 오르다

    나 _____.

(2) 가 지금 어떤 안내 방송이 나오고 있나요?   5살 아이를 찾다

    나 _____.

(3) 가 여행을 다녀오고 어떤 것을 느꼈어요?   어디에 가는지보다 누구와 가는지가 중요하다

    나 저는 _____.

(4) 가 점심은 이따가 먹고 숙제부터 할까요?   금강산도 식후경

    나 밥부터 먹고 합시다. _____ 한국 속담도 있잖아요.

(5) 가 빈 씨의 장점은 뭐라고 생각하세요?   손재주가 좋다

    나 제가 생각하는 저의 장점은 _____

(6) 가 내일 _____. 일기 예보를 들었는데 우산을 꼭 챙겨 가세요.   비가 오다

    나 알겠어요. 알려 줘서 고마워요.

A-(으)ㄴ 데다(가) V-는 데다(가)

2 보기 와 같이 문장을 완성해 보세요.

> 보기 물을 많이 마시면 건강에 <u>도움이 되는 데다가</u> 피부도 좋아진다.
>
> 그 구두는 디자인이 <u>안 드는 데다가</u> 발도 불편해요.

	좋은 점 1	좋은 점 2
물을 많이 마시다	**살이 빠지다**	**피부가 좋아지다**
(1) 취미 생활을 즐기다	스트레스를 풀 수 있다	
(2) 한국 드라마를 보다		생활에서 사용하는 표현을 알 수 있게 되다
(3) 자전거를 탔다		

(1) 취미 생활을 즐기면 _____ .

(2) 한국 드라마를 보면 _____ .

(3) 자전거를 탔더니 _____ 좋아요.

	나쁜 점 1	나쁜 점 2
그 구두	**디자인이 마음에 안 들다**	**발이 불편하다**
(4) 새로 산 옷	스트레스를 풀 수 있다	
(5) 우산이 없어서 비를 맞았다	옷이 다 젖었다	
(6) 아침을 거르다		수업 시간에 집중하기 힘들다

(4) 새로 산 옷이 _____ .

(5) 우산이 없어서 비를 맞았더니 _____ .

(6) 아침을 거르면 _____ .

◉ 보기 를 참고해서 여러분의 경험을 써 보세요.

1

보기

나는 요즘 학교에서 한국어를 공부하고 있는데 학교 생활은 좋은 점도 있고 힘든 점도 있다. 학교생활에서 좋은 점은 여러 나라 친구들을 **사귈 수 있다는 것**이다. 또한 매일매일 한국어를 공부하는 것이 **재미있다는 생각**이 든다. 하지만 힘든 점은 아침에 일찍 **일어나야 한다는 점**이다.

나는 요즘 _____ 좋은 점도 있고 힘든 점도

있다. _____

_____

_____

2

보기

우리 어머니와 아버지는 성격이 서로 다르다. 어머니는 **활발한 데다가** 사람들 만나는 것을 좋아하는 사교적인 성격이다. 하지만 아버지는 말수가 **적은 데다** 밖에 나가는 것도 싫어하셔서 아버지와 함께 많은 이야기를 해 본 적이 없는 것 같다. 나는 어머니와 성격이 더 잘 맞는 것 같다.

_____과/와 _____은/는 성격이 서로 다르다. _____

_____

_____

_____

어휘와 표현

● 빈칸에 알맞은 말을 쓰세요.

| 독창적 | 사교적 | 낙천적 | 능동적 | 비관적 |

1. 미래에는 남들과 다른 (   ) 아이디어가 있는 사람이 성공할 것이다.

2. 빈 씨는 사람들과 만나서 이야기하는 것을 좋아하는 (   ) 사람입니다.

3. 할 수 없을 거라는 (   ) 생각이 들 때 이 책을 읽어 보시면 도움이 될 겁니다.

4. 문제가 생겼을 때 다른 사람의 도움을 기다리기보다는 스스로 해결하려는 (   ) 자세를 가지세요.

5. 어렵고 힘든 일이 있어도 슬퍼하지 않고 긍정적으로 생각하는 (   ) 성격이 저의 장점입니다.

| 성실하다 | 과묵하다 | 수다스럽다 | 발이 넓다 | 모험을 즐기다 |

　　나와 내 동생은 성격이 많이 다르다. 동생은 말하는 것을 좋아하는 6. _____ 성격인데 나는 7. _____ 다른 사람의 말을 듣기만 하는 편이다. 나는 아는 사람이 별로 없는데 동생은 8. _____ 친구가 정말 많다. 또 동생은 9. _____ 새로운 것에 도전하는 것을 좋아하지만 나는 한 가지 일을 꾸준히 10. _____ 하는 것을 중요하게 생각한다.

듣기 1

Track 01

○ 다음은 엠마의 자기소개입니다. 잘 듣고 빈칸을 채우세요.

엠마	여러분, 만나서 반갑습니다. 저는 미국에서 온 엠마라고 합니다. 요리사로 일하고 있고 다른 나라 1. ( ) 해 보는 것이 취미입니다. 친구들에게도 다양한 요리를 자주 해 주기 때문에 친구들 사이에서 M셰프라고 2. ( ). 저는 3. ( ) 과묵해서 처음에는 친해지기 힘들다는 소리를 듣지만 친해지면 4. ( ).

듣기 2

Track 02

○ 다음은 학생들의 발표입니다. 잘 듣고 질문에 답하세요.

1. 무엇에 대한 발표입니까? ( )

   ① 별명 소개   ② 장단점 소개

   ③ 잘하는 것 소개   ④ 가지고 싶은 직업 소개

2. 선생님이 말한 발표의 목적은 무엇입니까? ( )

   ① 희망 직업을 알아보기 위해   ② 단점을 장점으로 만들기 위해

   ③ 서로에 대해 잘 이해하기 위해   ④ 잘하는 것이 무엇인지 알아보기 위해

3. 들은 내용과 같으면 ○표, 다르면 ✕표 하세요.

   (1) 빈은 내성적인 성격이다.   ( )

   (2) 빈은 어떤 일을 꾸준히 하지 못하는 편이다.   ( )

   (3) 파티마는 친구들에게 설명해 주는 것을 좋아한다.   ( )

   (4) 카린은 리듬감이 좋은 데다가 노래 실력도 뛰어나다.   ( )

4. 학생들의 발표를 들은 친구들의 반응으로 적절하지 <u>않은</u> 것을 고르세요. ( )

   ① 엠마: 파티마 씨에게 한국의 맛집에 대해 물어봐야겠어요.

   ② 첸: 빈 씨의 인터넷 방송에 들어가서 한번 정보를 봐야겠네.

   ③ 마크: 친구 문제로 고민이 많은데 파티마 씨에게 이야기해 봐야겠다.

   ④ 파비우: 나도 카린 씨처럼 처음 만나는 사람과 이야기를 잘했으면 좋겠다.

1-2 홍대 앞은 젊은 사람들이 즐길 만한 것들이 많아요

V-(으)ㄹ 만하다

1 보기 와 같이 대화를 완성해 보세요.

> 보기 가 고향에서 부모님이 오시는데 어디에 가 보면 좋을까요?
>
> 나 남산타워는 경치가 좋아서 한번 <u>가 볼 만해요</u>.
>
> 가 떡볶이가 입에 맞아요?
>
> 나 네, 조금 맵지만 <u>먹을 만해요</u>.

(1) 가 4급 수업이 어렵지 않아요?

　　나 조금 어렵지만 _____.

(2) 가 운동을 시작하려고 하는데 하기 쉬운 운동 좀 추천해 주실래요?

　　나 _____.

(3) 가 아직도 3년 전에 산 휴대폰을 써요?

　　나 좀 오래되긴 했지만 _____.

(4) 가 카린 씨에게 그 일을 맡겨도 괜찮을까요?

　　나 걱정 마세요. 카린 씨는 책임감이 강해서 _____.

(5) 가 홍대 근처는 살기 어때요?

　　나 월세가 좀 비싸기는 하지만 _____.

(6) 가 제주도에 여행 가는데 어떤 걸 먹어 보는 게 좋을까?

　　나 제주도는 한라봉이 유명하니까 _____.

V-는 김에

2 보기 와 같이 대화를 완성해 보세요.

> 보기 가 마트에 가려고 하는데 필요한 거 있어요?
>
> 나 그럼 마트에 <u>가는 김에</u> 계란 좀 사다 주세요.
>
> 가 고향에 잘 돌아갔어요? 이제 뭘 할 예정이에요?
>
> 나 오랜만에 고향에 <u>온 김에</u> 못 만났던 친구들을 만나려고 해요.

(1) 가 미용실에 가서 머리를 자를 거예요?

　　나 네, _____.

(2) 가 엠마 씨, 제 샌드위치도 만들어 오셨네요. 고마워요.

　　나 _____ 파티마 씨의 샌드위치도 만들었어요.

(3) 가 샤워를 1시간 동안이나 했어요?

　　나 _____.

(4) 가 내일 학교 앞에 있는 문구점에 들르려고 해요.

　　나 그럼 _____.

(5) 가 새로 산 신발이 정말 예쁘네요. 그러고 보니 옷도 새 옷인 것 같아요.

　　나 네, 신발을 사고 보니까 어울리는 옷이 없어서 _____

　　_____.

◉ 보기 를 참고해서 여러분의 경험을 써 보세요.

1

보기

어제 친구와 함께 홍대입구역 3번 출구 근처에 있는 경의선 숲길에 다녀왔는데 그곳은 연트럴파크라고도 불린다. 경의선 숲길은 산책로가 길지 않아서 **걸을 만했고** 도시에서 자연을 느낄 수 있어서 좋았다. 다음에 기회가 있다면 우리 반 친구들과 함께 가 보고 싶다.

얼마 전에 _____에 다녀왔다.

_____

_____

_____

2

보기

다음 주 토요일에 일 때문에 부산에 가기로 했다. 부산에 **가는 김에** 부산에 살고 있는 친구도 만나기로 했다. 부산은 밤바다가 구경할 만하다고 들어서 기대가 된다. 오랜만에 가는 여행이니까 맛있는 음식도 많이 먹고 푹 쉬고 오려고 한다.

_____ _____에 가기로 했다. _____
　　언제　　　　　어디

_____

_____

_____

어휘와 표현

● 빈칸에 알맞은 말을 쓰세요.

| 작품 | 전시회 | 조형물 | 인디 밴드 | 길거리 공연 |

1. 영화를 전공하는 4학년 학생들이 졸업 (　　　　　　)(으)로 단편 영화를 찍고 있다.

2. 매주 토요일 8시에 지하철역 앞에서 가수들의 (　　　　　　)이/가 열린다.

3. 어린이 공원에는 아이들이 좋아할 만한 동물 모양의 (　　　　　　)들이 많아서 사진 찍기에 좋다.

4. 홍대 앞 클럽에서는 다양한 장르의 (　　　　　　) 음악을 즐길 수 있다.

5. KTX를 타러 서울역에 갔더니 기차 여행을 주제로 사진 (　　　　　　)을/를 하고 있었다.

| 감상하다 | 생생하다 | 상징하다 | 끌다 | 사로잡다 |

　　홍대 앞에 온 김에 학교 안에 있는 미술관에 가 봤다. 미술관에서 미대 학생들의 다양한 그림들을 6. _____. 미술관을 나와 요즘 인기를 7. _____ '나비밴드'의 공연을 보기 위해 상상마당으로 갔다. 상상마당으로 가는 길에는 홍대의 문화를 8. _____ 다양한 그림들이 그려져 있었다. 도착하자마자 공연이 바로 시작되었는데 인디밴드의 특이한 옷차림과 강한 사운드가 우리의 눈과 귀를 9. _____. 나는 무대 바로 앞에서 인디밴드의 10. _____ 공연 모습을 영상으로 담았다.

1 다음은 홍대 거리를 소개하는 블로그의 일부입니다. 잘 읽고 제목을 완성해 보세요.

(   )의 예술과 문화를 (   ) 곳, 홍대 앞 거리!!!

   … 홍대 앞 거리는 10대, 20대의 젊고 에너지가 있는 학생들이 많이 찾는 곳으로 예술과 젊음의 거리로 유명합니다! 홍대 앞 상상마당에서 다양한 예술 활동을 할 수 있는 데다가 인디밴드의 공연을 보거나 길거리에서 가수들의 공연도 감상할 수 있기 때문입니다. 홍대 앞 거리는 젊은이들이 중심이 되어 이런 예술과 문화를 이끌고 있습니다. …

1 다음 글에서 보기 의 문장이 들어가기에 가장 알맞은 곳을 고르세요. (   )

(⊙) 지난 주말에 친구와 홍대 앞 클럽에 갔다. (ⓒ) 홍대 앞 클럽은 음악에 관심이 있는 젊은 이들이 중심이 되어 다양한 한국 인디 음악의 발전을 이끈 곳이라고 들었다. (ⓒ) 우리가 본 공연은 대규모 공연은 아니었지만 가까이에서 생생한 감동을 느낄 수 있어서 더 좋았다. (ⓔ) 친구도 다양한 음악을 감상할 수 있어서 좋은 시간이었다고 하면서 다음에 다른 밴드의 공연에도 와 보고 싶다고 했다.

보기 역시 홍대 앞에는 여러 장르의 인디밴드 음악을 들을 수 있는 클럽들이 많이 있었다.

① ⊙   ② ⓒ   ③ ⓒ   ④ ⓔ

2 이 글의 내용과 <u>다른</u> 것을 고르세요. (   )

홍대에 다니는 친구를 만나러 온 김에 홍익대학교 안으로 들어갔다. 홍익대학교 안에는 '영원한 미소'라고 불리는 작품이 있었는데 이 작품은 1972년에 만들어져서 홍익대학교를 상징하는 조형물이 되었다고 한다. 영원한 미소 근처에 있는 현대 미술관에서는 마침 미술을 전공하는 학생들의 작품을 전시하는 전시회가 열리고 있었다. 전시회에는 서로 개성이 다른 그림들이 전시되어 있어서 감상하는 재미가 있었다. 전시회를 구경한 후 밖으로 나와서 홍대 앞 상상마당에 도착했다. '상상마당'은 다양한 공연, 전시, 축제 등 을 즐길 수 있는 데다 자유로운 분위기를 느낄 수 있어서 구경할 만했다.

① '영원한 미소'는 홍익대학교를 상징하는 작품이다.

② 상상마당은 자유로운 분위기를 느낄 수 있어서 좋다.

③ 현대 미술관에서 열린 전시회에서 학생들의 작품을 볼 수 있다.

④ 상상마당에 도착해서 구경한 후 전시회를 구경하러 홍익대학교에 갔다.

1-3 한 단계 오르기

실전 쓰기: 기행문

1 다음의 내용을 포함하여 기행문을 200~300자로 쓰세요.

포함할 내용	• 여행 장소와 일정, 여행 목적 • 여정 (여행할 때 들른 곳) • 여행지에서 본 것과 느낀 것, 알게 된 것 • 여행하면서 전체적으로 느낀 것과 알게 된 점

CHAPTER

02

직업

2-1 졸업하는 대로 취직을 한다든가 유학을 간다든가 할 거예요

V-는 대로

1 보기 와 같이 대화를 완성해 보세요.

> 보기 가 날씨가 너무 덥네요. 집에 가면 무엇을 할 거예요?
>
> 나 집에 <u>가는 대로</u> 바로 샤워를 할 거예요.

(1) 가 오늘 수업이 끝나면 무엇을 할 예정이에요?

　　나 _____.

(2) 가 병원에서 퇴원하면 제일 먼저 무엇을 할 거예요?

　　나 _____.

(3) 가 비자가 나왔어요? 언제 출국할 거예요?

　　나 비자가 아직 안 나왔어요. _____.

(4) 가 아직 준비가 안 끝났어요? 언제 행사를 시작할 거예요?

　　나 죄송합니다. _____.

(5) 가 과장님, 제가 내일 출근해서 제일 먼저 무엇을 하면 될까요?

　　나 _____.

A-다든가 하다 V-ㄴ/는다든가 하다

2 보기 와 같이 대화를 완성해 보세요.

> 보기 가 어떻게 하면 친구와 화해를 할 수 있을까요?
>
>   나 친구에게 사과의 편지를 <u>쓴다든가</u> 점심을 같이 먹자고 <u>한다든가</u> 해 보세요.

(1) 가 아침에 어떤 음식을 많이 먹어요?

    나 _____ .

(2) 가 10억이 생기면 무엇을 하고 싶어요?

    나 _____ .

(3) 가 다음 주에 시험이 있어서 공부를 해야 하는데 책만 보면 자꾸 졸려요.

    나 그럴 때는 _____ .

(4) 가 언제 고향이 그리워요?

    나 _____ .

(5) 가 냉장고를 사용할 때 무엇을 주의해야 해요?

    나 _____ 고장이 나니까 주의해 주세요.

● 보기 를 참고해서 여러분의 경험을 써 보세요.

1

계획표

1. 서류 준비
2. 자기소개서 작성
3. 선생님께 추천서 받기
4. 서류 접수

나는 대학교에 진학하려고 한다. 그래서 지금 대학교에 지원하기 위해 필요한 서류들을 준비 중이다. 서류가 **준비되는 대로** 자기소개서를 작성할 것이다. 자기소개서 작성이 끝나면 선생님께 추천서를 받을 것이다. 그리고 추천서를 **받는 대로** 서류를 접수하려고 한다.

방학 계획

1. _____
2. _____
3. _____

이번 학기가 빨리 끝나면 좋겠다. 이번 방학에 _____
_____
_____
_____

2

고민이 있을 때는 일기를 쓰면서 그 문제에 대해 혼자 오랫동안 생각해 본다. 그렇게 해도 고민이 해결되지 않으면 그때는 친구에게 **이야기한다든가** 인터넷에서 나와 같은 상황에 있는 사람이 올린 글을 **찾아본다든가 한다.**

기분이 우울할 때 _____
_____

그렇게 해도 기분이 좋아지지 않으면 그때는 _____
_____
_____

어휘와 표현

● 빈칸에 알맞은 말을 쓰세요.

진로	이직	입사	퇴사	경력

1. 회사에서는 새로 (   )한 신입 사원들에게 축하 선물을 보냈다.

2. 10년 동안 일했던 회사에서 (   )하려고 하니까 아쉬운 마음이 든다.

3. 다른 회사로 (   )을/를 하기 위해 이력서도 다시 쓰고 자기소개서도 준비하고 있다.

4. 일해 본 경험이 없는 신입 사원을 뽑지 않고(   ) 사원을 뽑는 회사가 많아지고 있다.

5. 졸업하기 전에 (   )을/를 정해야 할 텐데 아직까지 무엇을 하고 싶은지 제 마음을
   모르겠어요.

접하다	도전하다	꿈꾸다	적성에 맞다	경험을 쌓다

어렸을 때부터 광고에 관심이 많아서 광고 회사에 들어가기를 6. _____. 공부를

열심히 해서 영상미디어학과에 진학을 했고 4학년 때는 광고 회사에서 6개월 동안 인턴십

프로그램을 하면서 7. _____. 광고 일이 내 성격에 잘 안 맞을까 봐 걱정하기도

했는데 다행히 8. _____. 다음 달에는 해외에 있는 광고 회사 면접에 9. _____

결심했다. 영어로 의사소통을 해야 하고 해외에서 살면 새로운 환경에 적응하는 것이 힘들겠지만

새로운 문화를 10. _____ 것이 나에게 도움이 될 것 같아서 한번 해 보기로 했다.

듣기 1

Track 03

◉ 다음을 잘 듣고 빈칸을 채우세요.

> 남자   친구들보다 졸업이 늦어서 대학교를 1. (   ) 취업을 해야 할 것 같은데요. 사실
> 마음속으로는 계속 고민 중입니다. 2. (   ) 취업을 해야 할지 3. (   )
> 일을 찾아야 할지 아직 잘 모르겠습니다. 제 전공은 경영학인데 사실 저는 4. (   )
> 하는 것에 관심이 많거든요. 평소에 글쓰기를 좋아하기도 하고요.

듣기 2

Track 04

◉ 다음은 라디오 프로그램의 일부입니다. 잘 듣고 질문에 답하세요.

1. 이 라디오 프로그램에 나오지 <u>않는</u> 사람은 누구입니까? (   )
   ① 사회자   ② 사연자
   ③ 진로 상담가   ④ 크리에이터

2. 여자가 만난 사람들의 생각이 <u>아닌</u> 것은 무엇입니까? (   )
   ① 졸업을 앞두고 진로에 대한 고민이 많아진다.
   ② 전공과 관계 없는 일을 하기에는 너무 늦었다는 생각이 든다.
   ③ 20대는 새로운 일에 도전하기보다 하고 있는 일을 열심히 하는 것이 낫다.
   ④ 30대가 되고 나니 20대에 일찍 도전을 할 걸 그랬다는 후회가 든다.

3. 들은 내용과 같으면 ○표, 다르면 ×표 하세요.
   (1) 칸의 친구들은 졸업하기 전에 취업을 했다.   (   )
   (2) 칸의 친구들은 부모님께 용돈을 받아 생활했다.   (   )
   (3) 칸은 졸업 후에 경제적 어려움을 겪었다.   (   )
   (4) 칸은 직장 생활에서 좋은 경험을 했다고 생각한다.   (   )

2-2 선생님의 조언에 따라서 크리에이터가 되었으면 해요

N에 따라(서)

1 보기 와 같이 대화를 완성해 보세요.

> 보기 가 머리 모양을 바꾸면 분위기가 달라질까요?
>
> 나 그럼요. <u>머리 모양에 따라</u> 분위기가 달라져요.

(1) 가 어제는 날씨도 맑고 기분도 좋았는데 오늘은 날씨처럼 제 기분도 우울하네요.

　　나 원래 _____.

(2) 가 한국은 봄에 벚꽃이 피고 가을에는 코스모스가 피고 계절마다 다양한 꽃이 피네요.

　　나 네, 한국은 사계절이 있어서 _____.

(3) 가 옛날에는 강원도의 집과 제주도의 집 모양이 달랐네요.

　　나 네, _____.

(4) 가 저 배우가 과속 운전을 했다고 들었는데 교통법을 지키지 않았으니 벌금을 내야 하겠죠?

　　나 당연하지요. _____.

(5) 가 요즘 입맛이 없었는데 여기는 여러 나라 음식이 있어서 골라 먹기가 좋네요.

　　나 네, 여기는 뷔페라서 _____.

A/V-았/었으면 하다

2 보기 와 같이 대화를 완성해 보세요.

> 보기 가 이번 경기도 우리 팀이 지겠지?
>
> 나 그러게. 한 번이라도 좋으니까 좀 <u>이겨 봤으면</u> 해.

(1) 가 뭐? 헤어지자고?

나 응, 이제 그만 _____.

(2) 가 면접 보러 가야 하는데 정장 좀 빌려줄 수 있어?

나 응, 그런데 아끼는 옷이니까 _____.

(3) 가 부모님께서 어떤 선물을 받고 싶어 하세요?

나 _____.

(4) 가 내가 _____ 습관이 있어?

나 응, 네가 아침에 늦게 일어나는 습관을 고쳤으면 좋겠어.

(5) 가 어떻게 봉사 활동을 시작하게 되셨습니까?

나 _____ 마음에 봉사 활동을 시작하게 됐습니다.

○ 보기 를 참고해서 여러분의 경험을 써 보세요.

①

2단계

보기

한국에서 많이 먹는 국물 요리는 찌개와 국이 있다. **국물의 양에 따라** 국물이 많으면 국이라고 하고 국물이 적으면 찌개라고 한다. 국에는 생일에 먹는 미역국, 설날에 먹는 떡국 등이 있고 찌개에는 김치찌개, 된장찌개 등이 있다.

우리 나라에서 많이 먹는 음식은 _____

_____

_____

_____

②

보기

부모님과 나는 진로에 대한 생각이 다르다. 부모님은 모두 의사시기 때문에 나도 의사가 **되었으면 하신다.** 의사는 아픈 사람들을 치료해서 병을 낫게 하는 좋은 직업 이라는 것을 안다. 하지만 나는 아이들을 좋아하기 때문에 선생님이 **되었으면 한다.**

_____과/와 나는 _____에 대한 생각이 다르다. _____은/는

_____

하지만 나는 _____

_____

어휘와 표현

● 빈칸에 알맞은 말을 쓰세요.

사무직	기술직	전문직	금융업	IT 업종

1. 전기 기술자, 미용사, 제빵사와 같이 특별한 기술이 필요한 직업을 (   )(이)라고 한다.

2. 나는 몸을 움직이는 것을 싫어하니까 책상 앞에 앉아서 일하는 (   )이/가 잘 맞을 것 같다.

3. 의사나 변호사 같은 (   )은/는 정년이 없기 때문에 인기가 많다.

4. 컴퓨터를 전공하지 않아도 자격증이 있으면 (   )에 취직할 수 있다고 들었다.

5. 은행과 증권사뿐만 아니라 보험사도 (   )에 포함된다고 한다.

밝다	삼다	종사하다	보장되다	인정받다

　　한번 일자리를 잃어 본 경험을 한 사람은 또 다시 회사에서 나가라는 말을 듣고 싶지 않기 때문에 그다음 직업으로는 공무원 같이 정년이 6. _____ 일을 직업으로 7. _____ 원한다. 그런데 요즘은 예전과 달리 한 회사에서 오래 일하기보다는 자신의 회사가 전망이 8. _____ 않다는 생각이 들면 더 나은 회사로 옮기는 사람들이 많다. 여러 직종들 중에서 전문직에 9. _____ 사람들은 사회적으로 10. _____ 때문에 다른 직업보다 만족도가 높다고 한다.

읽기 1

1 다음은 채용 공고 포스터입니다. 잘 읽고 이 직업에 어울리는 사람을 고르세요. (   )

주식회사 **다홍**과 함께 할 직원을 모집합니다.

1. 직종: 사무직
2. 모집 기간: ~ 3/30
3. 성별/연령: 무관
4. 자격 조건: 대졸, 사무직 근무 경력 2년 이상
5. 우대 사항: 영어 능력
6. 접수 방법: 인터넷 이메일(chima@dahong.co.kr)

---

① 20세 남성, 영어영문학과 내년 2월 졸업

② 30세 남성, 고졸, 사무직 경력 3년

③ 20세 여성, 대졸, IT 개발 업무 경력 3년

④ 30세 여성, 대졸, 법률사무소 사무 경험 3년

읽기 2

1 이 글의 내용과 <u>다른</u> 것을 고르세요. (   )

> 인터넷의 발달과 스마트폰의 보급으로 새로운 직업들이 많이 생겨났는데 대표적인 예로 프로게이머, 크리에이터 등이 있다. 프로게이머는 게임을 직업으로 삼아 하는 사람으로 게임 대회에 참가하여 우승하는 것을 목표로 한다. 크리에이터는 온라인 플랫폼에 사진이나 동영상 등을 올리는 사람인데 이전에는 취미로 활동하던 사람들이 많은 돈을 벌게 되면서 회사를 그만두고 크리에이터 활동만 하는 경우가 늘고 있다.

① 인터넷의 발달 덕분에 많은 직업들이 새로 생겼다.
② 프로게이머의 목표는 게임 대회에서 우승하는 것이다.
③ 크리에이터는 온라인에 사진이나 동영상 등을 올린다.
④ 크리에이터 활동을 하기 위해서는 회사를 그만둬야 한다.

2 다음을 읽고 빈칸에 들어갈 말을 고르세요. (   )

> (   ) 기획자는 서비스의 처음부터 끝까지를 계획하는 일을 하는 사람이다. 개발자는 계획대로 서비스의 내용을 만드는 사람이라고 할 수 있다. 디자이너는 사용하는 사람들이 편하게 이용할 수 있도록 서비스의 디자인을 하는 사람이다. IT 업종의 인기가 많아지면서 취업을 위해 컴퓨터 언어를 배운다든가 웹 디자인을 배운다든가 하는 사람들도 많아지기 시작했다.

① IT 업종과 전문직에는 공통점이 있다.
② IT 업종에 취업하기 위해서는 어떤 노력을 해야 할까?
③ IT 업종은 하는 업무에 따라 크게 기획자와 개발자, 디자이너로 나뉜다.
④ IT 업종의 과거와 현재를 알아보고 전망이 밝은 이유에 대해서 알아보도록 하겠다.

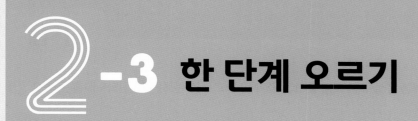

2-3 한 단계 오르기

자기소개서

성장 과정

_____

_____

_____

성격의 장점과 단점

_____

_____

_____

_____

학창 시절 경험 및 경력 사항

_____

_____

_____

_____

지원 동기 및 입사 후 계획

_____

_____

_____

CHAPTER

03

건강한 생활

3-1 너무 스트레스를 받은 나머지 잠을 못 잤어요

A/V-(으)ㄴ 나머지

1 보기 와 같이 대화를 완성해 보세요.

> 보기 가 어제 반 친구들과 K-POP 댄스를 배웠다면서요? 재미있었어요?
>
> 나 네, 그런데 동작이 너무 <u>어려운 나머지</u> 중간에 포기하는 친구들도 있었어요.

(1) 가 파티마 씨, 아까 교실에서 소리를 지르던데 무슨 일이에요?

　　나 열심히 준비한 시험에 합격해서 _____ 소리가 좀 컸지요? 미안해요.

(2) 가 고향은 잘 다녀왔어요? 2년 만에 가족을 만난 거지요?

　　나 네, 오랜만에 만나서 _____ 눈물이 났어요.

(3) 가 외국에서 혼자 생활하는 게 힘들지요?

　　나 지금은 괜찮은데 처음에는 _____.

(4) 가 요즘 운동하면서 건강해진 줄 알았는데 왜 몸살이 났어요?

　　나 근육을 만들고 싶어서 _____.

(5) 가 한 시간이나 걸려서 만든 음식을 안 먹고 버리는 거예요? 너무 아깝네요.

　　나 네, 제가 요리할 때 소금을 _____.

A/V-(으)ㄹ지도 모르다

2 보기 와 같이 대화를 완성해 보세요.

> 보기 가 집으로 돌아갈 때는 택시를 타고 갈까요?
>
> 나 길이 <u>막힐지도 모르니까</u> 지하철로 갑시다.

(1) 가 이 단어는 너무 어려우니까 안 외워도 되겠지?

　　나 글쎄. 시험에 _____.

(2) 가 크리스마스 카드를 보내려고 하는데 혹시 레나 씨 고향 집 주소를 알아요?

　　나 저는 모르지만 파비우 씨가 _____.

(3) 가 듣고 싶은 수업이 있는데 외국인 학생은 신청할 수 없는 것 같아요.

　　나 교수님께 여쭤보면 어때요? 파티마 씨는 한국어를 잘하니까 _____

　　_____.

(4) 가 마크 씨에게 전화해서 모임에 가냐고 물어볼까요?

　　나 아직 수업이 _____.

(5) 가 엠마 씨가 오늘도 도서관에 갔을까요?

　　나 글쎄요. 고향에서 친구가 왔다고 했으니까 _____.

● 보기 를 참고해서 여러분의 경험을 써 보세요.

1

보기

인터넷에서 대학생들이 취직 문제로 스트레스를 받는다는 기사를 봤다. 스트레스가 **심한 나머지** 우울증에 걸리는 학생도 많아졌다고 한다. 나도 유학 생활이 끝나면 한국에서 취직하고 싶은데 벌써부터 걱정이 된다. 어떤 날은 걱정을 많이 **한 나머지** 밥을 못 먹는다든가 밤에 잠을 못 잔다든가 할 때도 있다.

낮선 환경에 적응하는 것은 힘든 일이다. _____

_____

_____

_____

2

보기

휴일에 외출하지 않고 집에서 혼자 게임을 하거나 책을 보면서 시간을 보내는 유학생들이 많다. 그런데 외국에서 생활할 때 혼자 있는 시간이 길어지면 외로움이 커져서 **힘들어질지도 모른다.** 유학 생활 중에 외로움을 느끼지 않도록 혼자 있는 시간을 줄이고 밖에서 친구들과 함께하는 시간을 늘리는 것이 좋다.

_____

_____ 유학생들이 많다. _____

_____

_____

어휘와 표현

● 빈칸에 알맞은 말을 쓰세요.

증상	수면	불면증	우울증	해소법

1. 자기만의 스트레스 (   )을/를 찾아서 그때그때 스트레스를 풀어야 한다.

2. 걱정거리가 많아서 밤에 잠을 못 자는 날이 길어지면 (   )이/가 생길 수 있다.

3. 스트레스를 받으면 소화가 잘되지 않는 등 몸에 여러 가지 (   )이/가 나타난다.

4. 현대인들은 늦게까지 일하느라 잠을 충분히 자지 못해 (   ) 시간이 부족한 경우가 많다.

5. 몸에 힘이 없고 기분이 안 좋은 상태가 지속되면 (   )에 걸릴 수 있으니까 평소에
   규칙적으로 운동하고 밖에서 사람들을 만나며 즐겁게 지내세요.

앓다	예민하다	설치다	해치다	떨어지다

　나는 신경이 6. _____ 편이어서 작은 소리에도 잠을 7. _____ 때가 많다.
잠을 푹 자지 못하면 피곤해서 일을 할 때 집중하기 힘들다. 그런 날이 많아지면 기분도 안 좋고
식욕도 8. _____. 그래서 밥을 거를 때도 있는데 그때마다 친구들이 건강을
9. _____ 생활 습관을 고치지 않으면 나중에 큰 병을 10. _____ 될지도
모르니까 입맛이 없어도 꼭 밥을 챙겨 먹으라고 조언해 준다.

듣기 1

Track 05

◎ 다음은 빈과 카린의 대화입니다. 잘 듣고 빈칸을 채우세요.

빈	카린 씨, 새로 시작한 일식집 아르바이트는 할 만해요? 오늘도 1. ( ) 아르바이트를 하러 갈 거예요?
카린	네, 바로 가려고요. 그런데 아직 적응하는 중이라 사실은 조금 힘들어요. 오늘은 실수 없이 잘해야 할 텐데 걱정이에요. 어제도 2. ( ) 주문을 잘못 받았거든요. 손님 질문에 3. ( ) 했고요.
빈	걱정하지 마세요. 처음에는 누구나 실수를 하잖아요. 혹시 실수를 하게 돼도 4. ( ).
카린	고마워요. 조금 더 자신감을 가지고 일해 볼게요.

듣기 2

Track 06

◎ 다음 토크 콘서트 내용을 잘 듣고 질문에 답하세요.

1. '마음 연구소'에서 하는 일과 관련이 <u>없는</u> 것은 무엇입니까? (   )

① 우울증의 원인에 대해 강의한다.

② 효과적인 스트레스 해소법을 조사한다.

③ 마음이 편안해지는 방법에 대해 연구한다.

④ 연구소에서 상담한 내용을 책으로 만든다.

2. 들은 내용과 같으면 ○표, 다르면 ✕표 하세요.

(1) 고민이 많은 사람들이 토크 콘서트에 참석했다.   (   )

(2) 토크 콘서트에 출연하는 초대 손님은 총 한 명이다.   (   )

(3) 스트레스를 푸는 방법으로 '불멍'과 '물멍'이 인기를 끌고 있다.   (   )

(4) 스트레스로 불면증이 생겼을 때 '마음 연구소'에서 상담을 받을 수 있다.   (   )

3. 남자와 여자가 말한 스트레스 원인이 <u>아닌</u> 것은 무엇입니까? (   )

① 잠자는 시간이 충분하지 않아서   ② 시간이 부족한데 할 일이 많아서

③ 함께 이야기할 수 있는 친구가 없어서   ④ 마음에 안 드는 사람과 같이 일해야 해서

3-2 우유를 마시기만 하면 배탈이 나곤 해요

V-기만 하면

1 보기 와 같이 대화를 완성해 보세요.

> 보기 가 비 소식이 없었는데 갑자기 비가 오네요.
>
>   나 이상하게 제가 세차를 <u>하기만 하면</u> 다음날 비가 오더라고요.

(1) 가 명절인데 가족들 보러 고향에 안 갔어요?

     나 네, 명절에 친척들이 저를 _____

     _____.

(2) 가 한국 사람들에게 자주 듣는 말이 있어요?

     나 한국 사람들은 _____

     _____.

(3) 가 파티마 씨는 빨간색 옷을 잘 안 입는 것 같아요.

     나 네, 이상하게 제가 빨간색 옷을 _____

     _____.

(4) 가 여러 번 본 영화인데도 볼 때마다 슬퍼요?

     나 네, 왜 그런지 모르겠는데 이 장면을 _____

     _____.

(5) 가 서준 씨는 술버릇이 있어요?

     나 저는 술을 _____

     _____.

V-곤 하다

2 보기 와 같이 대화를 완성해 보세요.

> 보기 가 스트레스를 받으면 어떻게 풀어요?
>
> 　　　 나 저는 운동을 하면서 스트레스를 <u>풀곤 해요.</u>

(1) 가 소화가 잘 안될 때는 어떻게 해요?

　　 나 그럴 때는 _____.

(2) 가 집에 친구들을 초대했는데 어떤 음식을 준비하는 게 좋을까요?

　　 나 저는 집에 손님이 올 때는 보통 _____.

(3) 가 약속이 없는 휴일에는 뭘 하세요?

　　 나 _____.

(4) 가 학창시절에 공부하다가 힘들면 어떻게 했어요?

　　 나 고등학생 때 _____.

(5) 가 외국에서 살다 보면 고향 음식이 먹고 싶을 때가 많지요?

　　 나 네, 그래서 고향 음식이 먹고 싶어지면_____

　　　 _____.

◉ 보기 를 참고해서 여러분의 경험을 써 보세요.

1

보기

나는 지하철을 탈 때 자리에 잘 앉지 않는다. 이상하게 내가 자리에 **앉기만 하면** 할아버지나 할머니께서 내 앞으로 오시기 때문이다. 그런 일을 자주 경험한 후로는 빈자리가 생겨도 앉지 않고 서서 **가곤 한다**.

나는 _____. 이상하게

_____

_____

_____

2

보기

외국에 나와서 살다 보면 고향이 그리워질 때가 있다. 그럴때면 나는 고향에 있는 가족들에게 전화를 **걸곤 한다**. 아니면 한국에서 사귄 친구들을 집으로 초대해 고향 음식을 만들어 **먹곤 한다**. 그러면 고향에 대한 그리움을 잠시 잊을 수 있어서 좋다.

혼자 살다 보면 _____ 때가 있다. 그럴 때 나는 _____

_____

_____

_____

어휘와 표현

◉ 빈칸에 알맞은 말을 쓰세요.

체질	침	한약	한의원	민간요법

1. 며칠 전부터 허리가 아팠는데 ( )을/를 맞으니 금방 괜찮아졌다.

2. 한국에서는 몸이 아플 때 일반 병원뿐만 아니라 ( )에 가서도 진료를 받을 수 있다.

3. 인삼은 건강에 좋은 음식으로 알려져 있지만 ( )에 맞지 않게 먹으면 건강을 해칠 수 있으니 조심해야 한다.

4. 계속 기운이 없어서 한 달 동안 먹을 ( )을/를 지었는데 선생님께서 돼지고기, 밀가루 음식을 피하라고 하셨다.

5. 옛날에는 병원에 가거나 의사를 만나는 일이 쉽지 않았기 때문에 병에 걸렸을 때 사람들 사이에서 전해 오는 ( )을/를 쓰곤 했다.

살피다	예방하다	개선하다	회복하다	소식하다

밥을 많이 먹는 것보다 6. _____ 것이 건강에 좋다고 들었다. 하지만 나는 먹는 것을 좋아해서 음식을 자주 많이 먹는 편이다. 이런 안 좋은 식습관을 7. _____ 한다고 생각하지만 잘 고쳐지지 않는다. 얼마 전에는 배탈이 심하게 나서 병원에 갔는데 의사 선생님께서 몸을 8. _____ 때까지 먹는 것을 조심하라고 하셨다. 그리고 지금처럼 몸이 약해져 있을 때는 병에 걸리기 쉬우니까 다른 병을 9. _____ 수 있게 평소보다 건강 상태를 더 잘 10. _____ 한다고 말씀하셨다.

읽기 1

1 다음은 체질에 대한 내용입니다. 아래의 표현 중 알맞은 것을 넣어서 문장을 완성해 보세요.

더위를 타다	냉 체질	열 체질	찬 성질의 음식

체질은 사람이 가지고 태어난 신체적인 특성을 말한다. 몸에서 열이 많이 나는 사람은 (1) (   )(이)라고 하고 몸이 차가운 편이면 (2) (   )(이)라고 한다. 몸에 열이 많은 사람들은 (3) (   ) 여름이 되면 힘들어하는 경우가 많다. 이런 사람들은 여름에 복숭아, 소고기 같은 음식보다 수박, 돼지고기와 같이 (4) (   )을/를 먹는 것이 더 좋다.

1 다음을 읽고 올가의 생각으로 맞는 것을 고르세요. (　　)

> 지난주에 감기에 걸려서 고생했다. 러시아에 있을 때는 감기에 걸리면 달걀, 꿀 그리고 우유와 버터를 섞어서 마시곤 했는데 이번에는 남편이 끓여 준 콩나물국을 먹었다. 신기하게 콩나물국을 먹으니 몸이 개운해졌다. 감기가 나아서 아픈 곳은 없었지만 남편의 조언에 따라 한의원에 다녀왔다. 한의사 선생님은 내 손목을 잡아 보신 후 눈과 입안을 살펴보며 진료해 주셨는데 나보다 내 몸에 대해 잘 아시는 것 같아서 놀랐다. 민간요법이나 한의학의 치료법은 과학적이지 않다고 말하는 사람들도 있는데 직접 경험해 보니 건강을 지키는 데 도움이 되는 것 같다.

① 한국보다 러시아의 민간요법이 더 좋다.
② 콩나물국은 감기에 효과가 없는 것 같다.
③ 한의사의 진료 방법은 비과학적이다.
④ 한의학의 치료법은 건강에 도움이 된다.

2 올가가 다음 글을 쓴 목적으로 맞는 것을 고르세요. (　　)

> 침을 맞는 모습을 본 외국인들은 한의원을 무서운 곳이라고 생각하기 쉽다. 다양한 검사와 수술로 치료를 하는 서양 의학과 다르게 손목을 잡아 본다든가 아픈 곳을 손으로 만져 본다든가 하는 한의학의 치료법은 비과학적으로 보이기도 한다. 하지만 직접 경험해 보니 한의학은 체질을 개선해서 병을 치료하고 예방하도록 도와주는 의학이라는 생각이 들었다. 더 많은 사람들이 한의학 치료법에 대한 오해를 버리고 한의학을 더 가깝게 느낄 수 있었으면 한다.

① 한의원에서 침을 맞는 과정을 설명하기 위해서
② 서양 의학과 한의학의 차이를 비교하기 위해서
③ 직접 경험한 한의학의 치료법을 소개하기 위해서
④ 한의학에 대한 부정적인 인식을 개선하기 위해서

3-3 한 단계 오르기

실전 쓰기: 비교하기

● 다음을 참고하여 '식욕 부진'과 '의욕 상실'을 비교하는 글을 200~300자로 쓰세요.

		식욕 부진	의욕 상실
화제		스트레스가 지속될 때 나타날 수 있는 증상	
공통점		우울증과도 관련이 깊은 증상 정신적인 문제가 원인이 되어 나타날 수 있다.	
차이점	구체적 증상	음식을 잘 먹지 못한다.	어떤 일도 하고 싶어 하지 않고 기운이 없어진다.

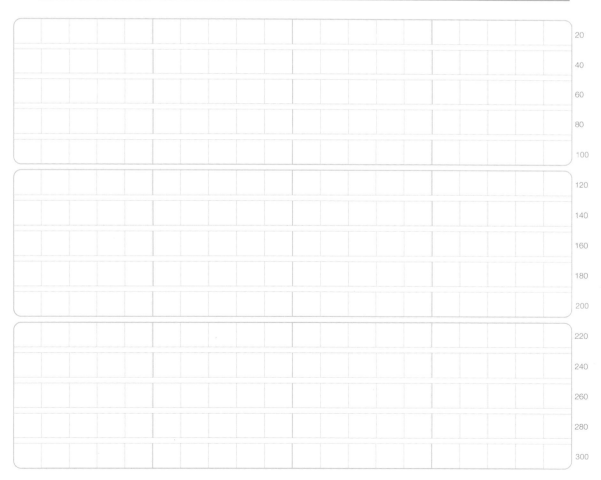

47

music

CHAPTER

04

소통과 배려

두 사람 사이가 얼마나 나쁜지 서로 말도 안 해요

V-는 둥 마는 둥 하다

1 보기 와 같이 알맞은 말을 연결해서 문장을 만들어 보세요.

시험 시간이 부족하다		씻다		답을 찍다
(1) 너무 피곤하다		듣다		서류 준비를 하다
(2) 청소를 하기 귀찮다		문제를 읽다		닦다
(3) 매일 똑같은 잔소리를 하다		점심을 먹다		딴짓을 하다
(4) 대학 입학 준비로 바쁘다		바닥을 쓸다		잠자리에 들다

보기 시험 시간이 부족해서 <u>문제를 읽는 둥 마는 둥</u> 하고 답을 찍었어요.

(1) 어젯밤에 _____.

(2) 주말에 _____.

(3) 엄마가 _____.

(4) 요즘 _____.

얼마나(어찌나) A-(으)ㄴ지 / V-는지 (모르다)

2 와 같이 문장을 완성해 보세요.

> 보기
> - 내 친구는 비빔밥을 좋아해서 일주일에 세 번 이상 먹는다.
> - 내 친구는 일주일에 세 번 이상 먹을 정도로 비빔밥을 좋아한다.
> → 내 친구는 비빔밥을 얼마나 좋아하는지 일주일에 세 번 이상 먹어요.

(1) 우리 강아지는 **똑똑해서** 사람들의 말을 다 알아듣는다.

→ _____ .

(2) 출근 시간에 지하철이 **너무 복잡해서** 서 있기도 힘들다.

→ _____ .

(3) 커피 종류가 **다양해서** 고르는 것이 쉽지 않다.

→ _____ .

(4) 내 방은 책상도 놓기 힘들 만큼 **좁다**.

→ _____ .

(5) 내 노트북은 여러 번 떨어뜨렸는데도 고장 난 적이 없을 정도로 **튼튼하다**.

→ _____ .

● 보기 를 참고해서 여러분의 경험을 써 보세요.

1

어제는 정말 기분이 좋지 않은 하루였다. 친구를 만나서 노래방에 갔는데 중요한 전화가 계속 와서 노래를 **부르는 둥 마는 둥 했다.** 그랬더니 친구는 나 때문에 화가 나서 내가 묻는 말에 **대답하는 둥 마는 둥 했고** 나도 기분이 나빠져서 친구와 일찍 헤어지고 집에 돌아왔다.

_____은/는 _____

_____

_____

_____

2

우리 가족들은 요즘 바쁘게 지내고 있다. 아버지는 일이 **얼마나 많은지** 9시가 되어야 집에 들어오신다. 어머니는 등산하는 것을 **어찌나 좋아하시는지** 일주일에 세 번은 등산을 가신다. 오빠는 중요한 시험이 있어서 매일 밤늦게까지 도서관에서 **얼마나 열심히 공부하는지 모른다.**

_____은/는 요즘 바쁘게 지내고 있다. _____

_____

_____

_____

어휘와 표현

● 빈칸에 알맞은 말을 쓰세요.

상처	충격	분노	비난	공격

1. 우리는 다른 사람의 말이나 댓글 때문에 마음에 (   )을/를 받는 경우가 많다.

2. 유명한 연예인이 악성 댓글로 갑자기 활동을 중단했다는 소식에 (   )을/를 받았다.

3. 한 엄마가 3살짜리 아들에게 밥을 주지 않아 죽게 했다는 뉴스를 보고 크게 (   )했다.

4. 아무리 게임이라도 어린아이들이 총으로 상대를 (   )하는 게임을 자주 하는 것은
   좋지 않은 것 같다.

5. 상대방의 잘못을 무조건 (   )하기보다는 같은 잘못을 또 하지 않도록 진심으로
   조언할 필요가 있다.

괴롭다	반응하다	배려하다	위로를 받다	털어놓다

다른 사람의 말이나 의견으로 마음이 6. _____ 불안할 때 어떻게 하면 힘든

마음이 사라질까? 우선 그런 말을 듣고 지나치게 7. _____ 않는 것이 좋다. 또한

가까운 사람들에게 마음을 8. _____ 힘들다는 이야기를 하면 그 사람들에게

정신적으로 9. _____ 수 있을 것이다. 아무 생각 없이 한 말이 다른 사람의 감정을

상하게 할 수 있으니 우리는 항상 상대방을 10. _____ 말하도록 노력해야 한다.

듣기 1

Track 07

● 다음은 엠마와 빈의 대화입니다. 잘 듣고 빈칸을 채우세요.

엠마 아이고, 그런 악플은 계속 1. (   ) 그냥 잊어버리세요.
      저도 얼마 전에 친한 친구에게 상처가 되는 말을 들었는데요. 상대방을 2. (   )
      말하면 기분 나쁠 수 있다는 걸 왜 모를까요?

빈   3. (   ). 어제는 잠도 안 오고 힘들었는데 다시 생각해 보니 그런 말 때문에
      상처를 받는다면 저만 손해인 것 같아요. 악플은 4. (   ).

듣기 2

Track 08

● 다음 내용을 잘 듣고 질문에 답하세요.

1. **사람들에게 무엇에 대해 물어봤습니까? (   )**
   ① 상처를 받은 후의 다양한 반응   ② 상처를 받았을 때 극복하는 법
   ③ 상처의 말을 듣고 나타나는 증상   ④ 들었을 때 상처가 되는 말의 예

2. **들은 내용과 같으면 〇표, 다르면 ×표 하세요.**
   (1) 빈은 지난번에 올린 영상에 달린 댓글 때문에 마음이 괴로웠다.   (   )
   (2) 빈은 다양한 20대 남녀에게 인터뷰를 했다.   (   )
   (3) 지난 영상에서는 상처의 말을 들었을 때 반응하는 방법에 대해 다뤘다.   (   )

3. **듣기에서 인터뷰한 사람들이 대답한 내용이 <u>아닌</u> 것은 무엇입니까? (   )**
   ① 살이 쪘다는 말을 듣고 계속 생각나서 힘들다.
   ② 왜 좋은 성적을 받지 못했냐는 말에 상처를 받았다.
   ③ 많은 일을 해 줬지만 도움이 안 됐다는 말을 듣고 분노했다.
   ④ 말을 걸기 어렵다는 말을 들어서 인간관계에 자신감이 없어졌다.

4. **듣기에서 인터뷰한 사람들이 대답한 내용이 <u>아닌</u> 것은 무엇입니까? (   )**
   ① 한번 들은 상처의 말은 쉽게 잊기 어렵다.
   ② 가족에게 상처의 말을 들으면 피하는 것이 방법이다.
   ③ 누군가 자신을 비난하는 말을 들으면 마음이 괴롭다.
   ④ 상처의 말을 들었을 때 충격이 커서 분노할 때도 있다.

옆집 사람들이 밤늦도록 떠들어 대서 힘들어요

V-도록

1 보기 와 같이 알맞은 말을 연결해서 문장을 만들어 보세요.

이틀이 지나다		**이야기를 나누다**
(1) 밤새다		친구가 안 오다
(2) 기차 출발 시간이 다 되다		**대답이 없다**
(3) 2시가 넘다		점심을 못 먹다

보기 친구에게 메시지를 보냈는데 이틀이 <u>지나도록</u> 대답이 없어요.

(1) 오랜만에 친구를 만나서 _____.

(2) 기차를 타고 여행 가기로 했는데 _____.

(3) 회의가 길어지는 바람에 _____.

배가 터지다		**소리를 지르다**
(4) 목이 터지다		**먹다**
(5) 목이 빠지다		기다리다
(6) 귀에 못이 박히다		듣다

보기 맛집에 갔는데 음식이 너무 맛있어서 <u>배가 터지도록</u> 먹었어요.

(4) 어제 콘서트에 가서 _____.

(5) 친구가 안 와서 _____.

(6) 어렸을 때 공부하라는 잔소리를 _____.

V-아/어 대다

2 보기 와 같이 대화를 완성해 보세요.

> 보기 가 창문을 열고 노래를 불러 대면 어떻게 해요? 다른 사람 생각도 해야지요.
>
> 나 노래 소리가 크지 않아서 괜찮을 거라고 생각했는데 창문을 닫아야겠네요.

(1) 가 그렇게 밤마다 _____?

아랫집 사람도 생각해야지요.

나 걷는 소리가 그렇게 크게 들리는 줄 몰랐어요. 앞으로 조심해야겠네요.

(2) 가 매일같이 _____

나 알겠어요. 건강을 생각해서 술을 줄이도록 노력해 볼게요.

(3) 가 어제 영화 잘 봤어요?

나 옆자리에 앉은 사람이 팝콘을 시끄럽게 _____

(4) 가 첸 씨가 배탈이 났다고 하던데요.

나 덥다고 _____

(5) 가 이번 달에는 생활비가 부족할 것 같아요.

나 그렇게 옷을 _____

◉ 보기 를 참고해서 여러분의 경험을 써 보세요.

1

7월 16일 토요일　　　　　　　　　　날씨 : 맑음 ☼

　다음 주에 중요한 시험이 있어서 **밤늦도록** 도서관에서 공부를 하고 집에 돌아왔다. 집에 돌아와서 **배가 터지도록** 야식을 먹고 tv를 틀었는데 내가 좋아하는 팀이 축구 경기를 하고 있었다. 새벽 1시가 **넘도록** 축구 경기를 본 후에 잠자리에 들었다.

（　　）월（　　）일（　　）요일　　　　　　　　　　날씨: ＿＿＿＿＿＿

＿＿＿＿＿＿＿＿＿＿＿＿＿＿＿＿＿＿＿＿＿＿＿＿＿＿＿＿＿＿＿＿

＿＿＿＿＿＿＿＿＿＿＿＿＿＿＿＿＿＿＿＿＿＿＿＿＿＿＿＿＿＿＿＿

＿＿＿＿＿＿＿＿＿＿＿＿＿＿＿＿＿＿＿＿＿＿＿＿＿＿＿＿＿＿＿＿

2

　사람들은 어떤 행동을 반복하면서 스트레스를 풀까? 단 음식을 **먹어 댄다든가** 하면서 스트레스를 푸는 사람도 있고 담배를 계속 **피워 대면서** 스트레스를 푸는 사람도 있을 것이다. 하지만 이런 식으로 스트레스를 해소하는 것은 좋은 방법이 아니라는 생각이 든다.

어떤 행동을 반복하면 주변 사람들이 불편하게 느낄까? ＿＿＿＿＿＿＿＿＿

＿＿＿＿＿＿＿＿＿＿＿＿＿＿＿＿＿＿＿＿＿＿＿＿＿＿＿＿＿＿＿＿

＿＿＿＿＿＿＿＿＿＿＿＿＿＿＿＿＿＿＿＿＿＿＿＿＿＿＿＿＿＿＿＿

＿＿＿＿＿＿＿＿＿＿＿＿＿＿＿＿＿＿＿＿＿＿＿＿＿＿＿＿＿＿＿＿

어휘와 표현

○ 빈칸에 알맞은 말을 쓰세요.

층간 소음	갈등	원인	대응	항의

1. 현대 사회에서 사람들은 여러 문제로 주변 사람들과 (   )을/를 겪고 있다.

2. 옆집 사람들이 늦게까지 술을 마시면서 떠들어 대서 찾아가서 (   )하고 싶었지만 싸우게 될까 봐 참았다.

3. 아파트에서 걷는 소리나 악기 소리 때문에 생기는 (   )(으)로 다투는 이웃들이 많아지고 있다.

4. 대학생들은 무엇 때문에 스트레스를 받을까? 스트레스의 (   )이/가 무엇인지 대학생 2,000명을 대상으로 설문조사를 실시했다.

5. 인터넷에서 악성 댓글을 다는 사람에 대한 (   ) 방법은 여러 가지가 있는데 그중 하나는 신경쓰지 않고 그냥 무시하는 것이다.

요청하다	발생하다	일반화되다	고통을 당하다	떠오르다

서울시에서는 '이웃의 날'을 맞이하여 SNS에 이웃과 소통하고 화해한 사례를 올리면 상품을 주는 행사를 진행하고 있다. 공공주택에서 생활하는 것이 6. _____ 소음 문제로 생기는 이웃과의 다툼이 사회적인 문제로 7. _____. 소음이 8. _____ 잠을 설치고 정신적 스트레스로 9. _____ 사람이 많다고 한다. 이런 문제가 생겼을 때 혼자 해결하려고 하기보다 주변에 도움을 10. _____ 필요가 있다.

읽기 1

1 다음은 층간 소음에 대한 스트레스의 정도를 확인한 결과입니다. 다음 단어를 사용해서 어울리는 조언을 완성해 보세요.

소통 적극적 직접 관리 사무실

낮음 (1점~5점)	층간 소음을 일상에서 발생하는 자연스러운 소리로 생각하고 있음. → 이웃과 계속 (1) _____ 하면서 잘 지내세요.
보통 (6점~11점)	층간 소음으로 스트레스를 받고 있을 가능성이 높음. → (2) _____ 연락하지 말고 (3) _____을/를 통해 말해 보세요.
높음 (12점~16점)	층간 소음으로 문제가 일어날 가능성이 큼. → 이웃과 갈등을 겪게 될 가능성이 큽니다. 문제 해결을 위해 (4) _____(으)로 노력해 보세요.

읽기 2

1 다음 신문 기사의 제목을 보고 무엇에 대한 내용인지 고르세요. (   )

> 층간 소음 갈등, 이웃 간 얼굴 붉히는 경우 많아

① 층간 소음 때문에 이웃 사이에 다투는 일이 증가했다.

② 층간 소음으로 이웃과 사이가 나빠져 이사를 가게 된다.

③ 층간 소음 문제는 이웃 간에 직접적으로 만나 해결해야 한다.

④ 층간 소음으로 이웃에게 피해를 줘서 부끄러워하는 사람이 많다.

2 이 글의 내용과 일치하지 <u>않는</u> 것을 고르세요. (   )

> 서울시가 지난 2년간 접수된 상담 1,695건을 분석한 결과에 따르면 층간 소음 갈등의 원인으로 아이나 어른들이 뛰거나 걸으면서 발생하는 소음이 전체의 63.3%를 차지했다고 한다. 그다음으로 가구를 끌거나 문을 닫을 때 나는 소음이 15.5%, 악기 소리나 목이 터지도록 노래를 부르는 소리 8.5%, 반려견이 짖는 소리 7.6%, 기타 소음의 순이었다. 주거 위치별 층간 소음 피해는 위층의 소음으로 아래층에서 고통을 당하는 경우가 69.5%로 가장 많았다. 아래층의 지나친 항의로 위층에 사는 사람이 스트레스를 받는 경우도 23.3%로 꾸준히 증가하고 있는 것으로 나타났다.

① 갈등의 원인으로 가구를 끌 때 나는 소음이 2위를 차지했다.

② 아래층의 심한 항의 때문에 스트레스를 받는 경우가 늘고 있다.

③ 뛰거나 걸을 때 나는 소음이 가장 큰 갈등의 원인으로 나타났다.

④ 갈등의 원인으로 악기 소리보다 반려견의 소리가 높은 순위를 차지했다.

4-3 한 단계 오르기

실전 쓰기: 주장하기

● 다음을 참고하여 층간 소음 문제에 대해 자신의 의견을 주장하는 글을 200~300자로 쓰세요.

현황	층간 소음으로 이웃끼리 다투는 경우가 많아짐.
문제	특히 밤에 내는 층간 소음은 이웃에게 큰 고통을 줄 수 있음.
근거	(설문 조사) • 조용한 시간에 소음을 들으면 더 예민해짐. • 밤에 소음이 발생하면 잠을 설쳐서 갈등을 겪게 됨.
주장	밤 10시 이후에는 층간 소음을 내지 않게 특별히 주의해야 함.

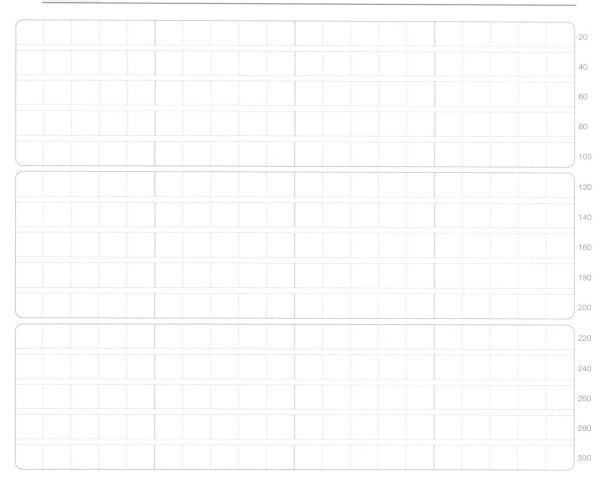

20
40
60
80
100

120
140
160
180
200

220
240
260
280
300

ECO FRIENDLY

music

CHAPTER

05

환경

A-(으)ㄴ 탓에   V-는 탓에

1 보기 와 같이 대화를 완성해 보세요.

> 보기   가 무슨 일 있어요? 요즘 기분이 안 좋아 보이네요.
>
> 나 룸메이트가 자꾸 잔소리를 <u>하는 탓에</u> 집에 있으면 싸우게 돼요.

(1)   가 왜 이렇게 못 먹어요? 음식이 입에 안 맞아요?

   나 아니요, _____.

(2)   가 아까 수업 시간에 계속 졸던데 어제 잠을 못 잤어요?

   나 _____.

(3)   가 이렇게 회의에 늦게 오면 어떡합니까?

   나 죄송합니다. _____.

(4)   가 왜 친환경 제품을 이용하는 사람들이 적을까요?

   나 _____.

(5)   가 최근 식당마다 음식값이 오르고 있는 이유는 무엇입니까?

   나 _____.

2 보기 와 같이 대화를 완성해 보세요.

> 보기   가 날씨가 너무 덥네요.
>
>   나 그러게요. 밖에 나가면 너무 더워서 <u>숨조차</u> 못 쉬겠어요.

(1)   가 영어 잘하세요?

   나 아니요, 배우기는 했지만 _____.

(2)   가 축구하다가 다리를 다쳤다면서요? 괜찮아요?

   나 아니요, 발목이 부어서 _____.

(3)   가 지난번에 마음에 든다고 말했던 사람한테 연락처는 물어봤어?

   나 아니, 부끄러워서 _____.

(4)   가 내일부터 식당 아르바이트 일을 시작하는데 너무 긴장돼요.

   나 그 마음 충분히 이해돼요. 저도 식당 아르바이트를 처음 시작한 날에 너무 긴장해서 _____

   _____.

(5)   가 고향에 다녀왔다면서요? 친구들은 잘 만났어요?

   나 취업 인터뷰 때문에 당일치기로 다녀온 거라서 친구들은 물론이고 _____

   _____.

● **보기**를 참고해서 여러분의 경험을 써 보세요.

1

보기

나는 지금 살고 있는 집이 마음에 들지 않는다. 우선 우리 집은 **좁은 탓에** 소파나 식탁 같은 큰 가구를 놓기 어렵다. 게다가 학교에서 멀리 떨어져 있다. 그리고 집이 **먼 탓에** 매일 아침에 일찍 일어나야 한다. 그래서 학교에서 가깝고 넓은 집으로 이사를 가고 싶다.

_____

_____

_____

_____

2

보기

최근 이상 기후 현상 때문에 날씨가 너무 이상하다. 11월이 다 끝나 가는데도 날씨가 춥지 않아서 패딩은 물론이고 아직 **겉옷조차** 안 입는 사람들이 많다. 심지어 낮 기온이 15도 가까이 오르는 날도 있어서 어제는 공원에 갔는데 반팔 티셔츠를 입고 산책하는 사람을 봤다. 11월에 반팔이라니! 예전이라면 **상상조차** 못했던 일이다.

_____

_____

_____

_____

어휘와 표현

● 빈칸에 알맞은 말을 쓰세요.

태풍이 불다	홍수가 나다	가뭄이 들다
한파가 찾아오다	산불이 발생하다	폭염이 이어지다

1. 대구에서는 낮 최고 기온이 35도를 넘는 _____.

2. 등산객이 함부로 버린 담배꽁초 때문에 _____ 경우가 많다.

3. 올겨울에는 작년보다 일찍 _____ 농작물 피해가 예상됩니다.

4. _____ 집뿐만 아니라 도로도 물에 잠겨 외출할 수가 없었다.

5. 주말에 _____ 가게의 간판이 떨어지고 유리창이 깨지는 피해를 입었다.

6. 강원도 일부 지역에서는 봄부터 계속 비가 오지 않아 _____ 식수가 부족할 정도라고 한다.

재난	멸종	생태계	온실가스	이상 기후

　　이산화탄소나 메탄가스 같은 7. (　　　　　　　　)의 영향으로 지구의 기온이 꾸준히 상승하고 있다. 이런 지구 온난화로 인해 지구 곳곳에서 8. (　　　　　　　) 현상이 나타나고 있다. 예를 들어 한 지역에서는 겨울에도 여름같이 더운 날씨가 계속되지만 다른 지역에서는 폭설이 내려 사람들이 집 밖으로 나갈 수가 없다. 9. (　　　　　　　) 영화에서나 봤던 일들이 하나씩 현실이 되고 있는 것이다. 이러한 상태가 지속된다면 10. (　　　　　)에 심각한 영향을 미쳐 많은 동물과 식물이 11. (　　　　　　) 위기에 빠지게 될 것이며 마지막으로 인간이 살아갈 곳도 없어지게 될 것이다.

듣기 1

○ 다음은 남자와 여자의 대화입니다. 잘 듣고 빈칸을 채우세요.

여자	정말 그래. 예전에는 이런 일이 미래를 배경으로 하는 재난 영화에서나 나오는 일이라고 생각했는데 갈수록 심각해지는 1. (　　　　　　　　) 이제는 2. (　　　　　　　　) 현실이 되어 버린 것 같아.
남자	아, 우리 인류와 지구의 미래는 어떻게 될까? 이상 기후 때문에 3. (　　　　　　　　) 일들이 미래에 일어나면 어떡하지?

듣기 2

○ 다음은 진우의 발표입니다. 잘 듣고 질문에 답하세요.

1. **책의 제목은 무엇입니까? (　　　)**
   ① 지구의 온도   ② 인간의 멸종
   ③ 6도의 지구   ④ 6도의 멸종

2. **저자가 이 책을 통해 경고하고 있는 것은 무엇입니까? (　　　)**
   ① 지구 기온이 6도까지 오르면 인류는 멸종하게 될 것이다.
   ② 지구 온난화로 인한 홍수나 산불을 미리 대비해야 한다.
   ③ 지구의 동물들이 멸종되면 인류는 식량 위기를 겪게 될 것이다.
   ④ 지구 기온이 1도 오르면 북극과 남극의 빙하가 녹아 없어질 것이다.

3. **들은 내용과 같으면 ○표, 다르면 ✕표 하세요.**
   (1) 온실가스 때문에 지구 온난화 현상이 일어난다.   (　　　)
   (2) 지구의 온도가 3도 오르면 해수면이 5m 상승한다.   (　　　)
   (3) 지구의 평균 기온이 6도 오르면 기후 변화가 시작된다.   (　　　)

4. **진우의 말을 들은 후 사람들의 반응으로 적절하지 <u>않은</u> 것을 고르세요. (　　　)**
   ① 리나: 더 늦기 전에 지구 온난화 문제를 해결할 방법을 찾아야겠어요.
   ② 수진: 요즘 큰 산불이 많이 나는 것도 지구 온난화와 관계가 있었군요.
   ③ 나영: 지구 온난화로 인한 문제에 대해 자세히 알고 싶으면 이 책을 사야겠어요.
   ④ 유리: 지구의 평균 기온이 1도 정도 오르는 것은 아직 크게 걱정할 일이 아니군요.

5-2 일회용품을 계속 사용하다가는 환경 오염이 심해질 게 뻔해요

V-다가는

1 보기 와 같이 대화를 완성해 보세요.

> 보기   가 요즘 매일 3시간씩 운동을 했더니 오늘은 조금 피곤하네요.
>
> 나 그렇게 무리하게 <u>운동하다가는</u> 다칠 수도 있어요. 운동을 적당히 하세요.

(1) 가 어제부터 계속 책상 앞에 앉아서 컴퓨터를 했더니 허리가 너무 아프네요.

나 _____.

(2) 가 저는 요즘 집에 들어가면 자기 전까지 계속 SNS를 보고 있는 것 같아요.

나 _____.

(3) 가 남편은 건강 관리를 전혀 안 해요. 술을 너무 자주 마셔서 걱정이에요.

나 _____.

(4) 가 한파가 일주일째 계속되고 있네요.

나 _____.

(5) 가 최근 아이를 낳지 않는 사람들이 늘고 있다고 합니다.

나 _____.

A/V-(으)ㄹ 게 뻔하다

2 보기 와 같이 대화를 완성해 보세요.

> 보기
> 가 오늘 밤에 축구 경기 있는데 보고 잘 거지?
> 나 아니, 안 볼 거야. 상대 팀이 너무 강해서 <u>질 게 뻔해</u>.

(1) 가 동생이 쇼핑한다고 해서 따라가기로 했어. 난 구경만 할 거야.

　　 나 에이, 내가 널 아는데 ＿＿＿＿＿＿＿＿＿＿＿＿＿＿＿＿＿＿＿＿.

(2) 가 진우 씨한테 오늘은 정말 늦으면 안 된다고 했어요.

　　 나 기대하지 마세요. ＿＿＿＿＿＿＿＿＿＿＿＿＿＿＿＿＿＿＿＿.

(3) 가 SNS에 식당 후기를 올리면 5명을 추첨해서 식사권을 준대요. 우리도 도전해 볼까요?

　　 나 저는 그런 운이 없어요. ＿＿＿＿＿＿＿＿＿＿＿＿＿＿＿＿＿＿.

(4) 가 제가 하고 싶은 일은 아니지만 월급을 많이 준다고 해서 이직하려고 해요.

　　 나 다시 생각해 보세요. ＿＿＿＿＿＿＿＿＿＿＿＿＿＿＿＿＿＿＿.

(5) 가 어떤 부모들은 아이들이 잘못을 해도 야단을 치지 않더라고요.

　　 나 그러면 안 되는데요. ＿＿＿＿＿＿＿＿＿＿＿＿＿＿＿＿＿＿＿.

◎ 보기 를 참고해서 여러분의 경험을 써 보세요.

1

휴가철에 관광객들이 휴양지에 놀러 와서 버리는 쓰레기로 인해 각 지역의 공무원들이 골머리를 앓고 있다. 사람들이 지금처럼 휴양지에 쓰레기를 함부로 **버리다가는** 해당 지역에 대한 인식이 나빠져서 더 이상 관광객들이 찾지 않게 될지도 모른다.

_____ 에 관한 뉴스를 봤는데 _____

_____

_____

_____

2

이번 휴가 때 바다에 가려다가 산에 가는 것으로 계획을 바꿨다. 폭염이 이어지고 있어서 바닷가에 아주 많은 사람들이 **몰릴 게 뻔하기** 때문이다. 바다에 뛰어들어 수영을 하고 싶은 마음도 크지만 이번 여름에는 사람이 적은 계곡을 찾아서 조용히 더위를 피하는 것이 더 좋을 것 같다.

_____ –(으)려다가 계획을 바꿨다.

_____

_____

_____

어휘와 표현

● 빈칸에 알맞은 말을 쓰세요.

수질 오염	대기 오염	일회용품	재활용	친환경

1. 강에 사는 물고기들이 ( )(으)로 인해 죽고 있다.

2. 자동차나 공장에서 나오는 매연은 ( )의 주요 원인이다.

3. 다 쓴 물건을 다시 사용하는 ( )을/를 통해 쓰레기 문제를 해결할 수 있다.

4. 나는 플라스틱 컵과 같은 ( )을/를 사용하지 않으려고 텀블러를 들고 다닌다.

5. 환경 문제가 심각해지면서 ( ) 제품을 구매하는 소비자들이 늘어나고 있다.

묻다	줄이다	분리하다	배출하다	수거하다

　　우리가 사용하고 버린 쓰레기는 불에 태우거나 땅에 6. _____. 하지만 쓰레기의 양이 늘면서 버릴 곳을 찾지 못해 문제가 되고 있다. 환경 단체에서는 이 문제를 해결하기 위해 개인과 기업 모두가 적극적으로 일회용품 사용을 7. _____ 쓰레기는 반드시 종류별로 8. _____ 버려야 한다고 말한다. 쓰레기를 처리하는 것이 심각한 문제로 떠오르면서 일부 지역에서는 쓰레기와 재활용품을 구분하지 않고 같이 9. _____ 경우에는 쓰레기를 10. _____ 않겠다고 발표했다.

읽기 1

1 다음은 신문 기사의 앞부분입니다. 잘 읽고 어울리는 제목을 고르세요. (   )

> 최근 환경에 대한 관심이 높아지면서 많은 사람들이 쓰레기를 버릴 때 일반 쓰레기와 재활용 쓰레기를 분리해서 버린다. 하지만 안타깝게도 어떤 것이 재활용 쓰레기인지 잘못 알고 있는 경우가 많아서 열심히 분리배출할 쓰레기들이 재활용되지 못하고 다시 일반 쓰레기로 버려지는 경우가 많다고 한다. 그렇다면 많은 사람들이 잘못 알고 있는 분리배출 방법에는 어떤 것들이 있을까?

① 산처럼 쌓이는 쓰레기, 하루 평균 50만 톤 배출

② 쓰레기 다이어트 도전, 배출량 40% 이상 감소

③ 분리배출, 당신은 제대로 하고 있는가?

읽기 2

1 다음을 순서대로 맞게 배열한 것을 고르세요. (   )

> (가) 소비자들의 관심을 끌기 위해 화려한 포장에만 신경을 쓰던 기업들이 소비자들이 쉽게 분리배출
> 할 수 있도록 제품의 포장을 바꾸고 있는 것이다.
>
> (나) 또한 제품의 불필요한 포장을 줄여야 한다는 소비자들의 목소리가 높아지면서 이제는 기업들도
> 쓰레기 줄이기에 동참하고 있다.
>
> (다) 이러한 개인과 기업, 그리고 사회의 노력이 계속될 때 우리는 도저히 해결될 것 같지 않았던
> 쓰레기 문제에 관한 해법을 조금씩 찾아 나갈 수 있을 것이다.
>
> (라) 환경 문제에 관심이 많은 소비자들은 카페에 갈 때 텀블러를 가져가거나 마트에 갈 때
> 장바구니를 챙겨 가면서 일회용품 사용을 줄이려고 노력하고 있다.

① (가) – (나) – (라) – (다)   ② (가) – (다) – (나) – (라)

③ (라) – (가) – (나) – (다)   ④ (라) – (나) – (가) – (다)

2 이 글의 내용과 맞는 것을 고르세요. (   )

> 쓰레기를 버릴 때 일반 쓰레기와 재활용 쓰레기를 분리하여 배출하는 것은 매우 중요하다. 캔,
> 병, 비닐, 종이, 플라스틱 등은 일반 쓰레기와 다르게 다시 활용할 수 있어 분리해서 버리면 쓰레기를
> 줄이고 자원을 절약하는 데 도움이 된다. 하지만 재활용 쓰레기를 버릴 때도 정확한 방법을 알고
> 버려야 한다. 예를 들어 양념이나 기름이 묻은 플라스틱 용기는 재활용되지 않는다. 그러므로 이것을
> 재활용하려면 플라스틱 용기를 깨끗이 씻어서 배출해야 하고 그렇지 않으면 일반 쓰레기로 버려야
> 한다. 그리고 라벨이나 스티커가 붙어 있는 페트병은 재활용이 어렵기 때문에 꼭 제거해서 버려야
> 한다.

① 기름이 묻은 플라스틱은 재활용이 절대 불가능하다.

② 깨끗한 종이나 비닐 등은 다시 활용할 수 있는 쓰레기이다.

③ 양념이 묻은 플라스틱 용기는 깨끗이 씻어서 일반 쓰레기로 버린다.

④ 라벨이 붙어 있는 페트병은 재활용이 어렵기 때문에 일반 쓰레기로 버린다.

5-3 한 단계 오르기

1 다음을 참고하여 '전기 자동차 판매의 현황과 그 원인'을 설명하는 글을 200~300자로 쓰세요.

전기 자동차 판매 현황	판매 증가의 원인
• 지난해 상반기 45만 1천 대 ⇓ • 올해 상반기 65만 5천 대	• 전기 자동차의 기능 향상 • 환경을 생각하는 소비자의 인식 변화

전망
• 15년 후에는 도로 위의 자동차 5대 중 3대는 전기 자동차가 될 수 있음.

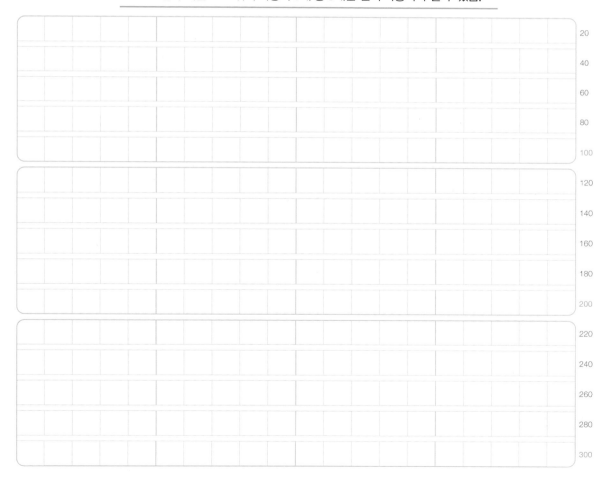

20
40
60
80
100

120
140
160
180
200

220
240
260
280
300

music

CHAPTER

06 정보화 사회

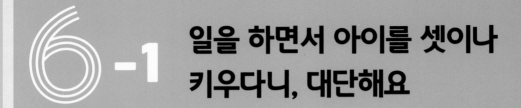
V-(으)ㄴ 채(로)

1 보기 의 표현을 활용해서 다음과 같이 대화를 완성해 보세요.

| 입다 | 쓰지 못하다 | 엎드리다 | 무시하다 | 고개를 숙이다 | 얼굴도 못 보다 |

> 보기 가 어제 옷도 안 갈아입고 잤어요?
>
> 나 네, 술에 취해서 겉옷을 <u>입은 채로</u> 잠이 들었어요.

(1) 가 시험은 잘 봤어요?

　　나 아뇨, 시간이 부족해서 답을 다 ＿＿＿＿＿＿＿＿＿＿＿＿＿＿＿ 냈어요.

(2) 가 휴대폰을 많이 봤더니 목이 아파요.

　　나 저도 그래요. ＿＿＿＿＿＿＿＿＿＿＿＿＿＿＿＿＿＿＿＿＿.

(3) 가 많이 피곤해 보이네요. 어제 잠을 잘 못 잤어요?

　　나 네, 공부를 하다가 책상에 ＿＿＿＿＿＿＿＿＿＿＿＿＿＿＿＿＿.

(4) 가 저희 할머니는 할아버지랑 결혼하실 때 얼굴도 못 보고 결혼하셨대요.

　　나 맞아요. 예전에는 ＿＿＿＿＿＿＿＿＿＿＿＿＿＿＿ 사람들이 많았다고 들었어요.

(5) 가 가수 A 씨가 운전하다가 교통사고를 냈다면서요?

　　나 네, 정지 신호를 ＿＿＿＿＿＿＿＿ 도로 위를 달리다가 사고를 냈다는 뉴스를 봤어요.

2 보기 와 같이 대화를 완성해 보세요.

> 보기 가 미안해요. 약속을 잊어버렸어요.
>
>   나 내가 몇 번이나 이야기했는데 약속을 <u>잊어버리다니</u>, 서운해요.

(1) 가 파비우 씨가 브라질 축구 선수라는 말을 바보 같이 나만 믿고 있었어.

     나 뭐? 그 말을 진짜로ㅤㅤㅤㅤㅤㅤㅤㅤㅤㅤㅤㅤㅤㅤㅤㅤㅤㅤㅤ!

(2) 가 제가 만든 케이크예요. 한번 드셔 보세요.

     나 와!ㅤㅤㅤㅤㅤㅤㅤㅤㅤㅤㅤㅤㅤㅤㅤㅤㅤㅤㅤㅤㅤㅤㅤ.

(3) 가 저 이제 담배 안 피워요. 완전히 끊었어요.

     나 담배는 끊기 어렵다고 들었는데ㅤㅤㅤㅤㅤㅤㅤㅤㅤㅤㅤㅤ.

(4) 가 작년에 같은 반이라서 좋았는데 올해는 우리가 같은 반이 아니래.

     나 ㅤㅤㅤㅤㅤㅤㅤㅤㅤㅤㅤㅤㅤㅤㅤㅤㅤㅤㅤㅤㅤㅤㅤㅤㅤ.

(5) 가 4급 문법이 좀 쉬운 것 같아.

     나 뭐?ㅤㅤㅤㅤㅤㅤㅤㅤㅤㅤㅤㅤㅤㅤㅤㅤㅤㅤㅤㅤㅤㅤㅤㅤ.

◉ 보기 를 참고해서 여러분의 경험을 써 보세요.

1

　어젯밤에 뉴스를 봤다. 60대 남성 A 씨가 피를 **흘린 채** 길에 쓰러져 있는 것을 지나가던 주민이 발견하고 경찰에 신고했다는 뉴스였다. A 씨는 곧바로 병원으로 옮겨져 수술을 받고 회복 중이라고 했다. 경찰의 말에 따르면 어지럼증을 앓던 A 씨가 병원을 다녀오다가 쓰러진 것이라고 한다.

_____ 뉴스를 봤다. _____

_____ 뉴스였다.

_____

_____ 에 따르면 _____

2

　지난주에 시험을 봤는데 실수를 많이 했다. '아빠'라고 써야 하는데 '오빠'라고 쓰는 실수를 했다. 아빠를 오빠라고 **쓰다니!** 꼼꼼히 확인하지 못한 것이 후회가 됐다. 그리고 2번을 3번이라고 쓴 답도 있었다. 이런 실수를 **하다니,** 스스로가 너무 부끄러웠다. 앞으로는 이런 실수를 하지 않도록 조심해야겠다.

_____

_____

_____

_____ 이런 실수를 하지 않도록 조심해야겠다.

어휘와 표현

○ 빈칸에 알맞은 말을 쓰세요.

의료	인구	저출산	출산율	수도권

1. 시골에는 병원과 약국 같은 (　　　　　　　　) 시설이 부족하다.

2. 서울을 중심으로 한 (　　　　　　　　) 지역에 오후부터 비가 내리겠습니다.

3. 한국 (　　　　　　　)은/는 5,000만 명이 넘는데 그중 5분의 1인 1,000만 명 정도가 서울에 살고 있다.

4. 작년에 재작년보다 (　　　　　　　　)이/가 3% 줄어 1년간 태어난 아이가 27만 명이었다고 한다.

5. 과거에는 아이를 많이 낳으려는 사람들이 많았지만 현대에는 아이를 적게 낳기 때문에 (　　　　) 문제가 심각해지고 있다.

지적하다	화제가 되다	기울이다	치열하다	바라보다

　　　얼마 전 대학 입학시험에서 전국 1위를 한 학생이 우울증 치료 때문에 대학에 입학하지 않겠다고 한 것이 6. _____ 있다. 대학 입학시험은 경쟁이 7. _____ 많은 학생들이 스트레스를 받는데 이로 인해 병원을 찾는 학생들이 많아졌다고 한다. 이러한 문제를 학생의 개인적인 일로 생각하지 말고 다른 시각에서 8. _____ 한다는 사람들이 늘고 있다. 전문가들은 학생들의 성적에만 신경을 쓰는 현재의 교육 환경을 9. _____ 학교가 학생들의 성적보다 학생들의 정신 건강에 좀 더 관심을 10. _____ 한다고 말한다.

81

듣기 1

Track 11

◉ 다음을 잘 듣고 빈칸을 채우세요.

앵커 1. (   )에 관심이 많은 세계적인 기업가가 한국의 저출산 현상에 대해
지적해서 화제가 되고 있습니다. 지금의 2. (   ) 한국은 몇십 년 안에 인구가
현재의 6%로 3. (   ) 경고했는데요. 이대로 가다가는 대한민국의 인구가
심각하게 줄어서 100년 후에는 대한민국이라는 나라가 4. (   ) 합니다.

듣기 2

Track 12

◉ 다음은 뉴스의 일부입니다. 잘 듣고 질문에 답하세요.

1. 어떤 사람들에게 설문 조사를 했습니까? (   )

　① 미혼 남녀

　② 대학생

　③ 직장인

　④ 20대~30대

2. 들은 내용과 같으면 ○표, 다르면 ×표 하세요.

　(1) 여자 시민의 어머니는 전업주부셨다.　　　　　　　　　(   )

　(2) 여자 시민은 아이 세 명을 키우고 있다.　　　　　　　　(   )

　(3) 남자 시민은 자신의 행복을 제일 중요하게 생각한다.　　(   )

　(4) 한국 인구의 50% 정도는 서울과 그 주변에 살고 있다.　(   )

3. 전문가가 말한 저출산 문제의 원인은 무엇입니까? (   )

　① 요즘 세대는 자기중심적으로 생각하기 때문에

　② 청년들이 경쟁이 치열한 서울에서 살고 싶어 하기 때문에

　③ 주변 사람들이 아이를 낳지 않는 것을 원하지 않기 때문에

　④ 수도권에 좋은 학교, 큰 병원, 다양한 문화 시설이 많지 않기 때문에

6-2 사실이 아닌데도 사실인 것처럼 이야기해요

A-(으)ㄴ데도 V-는데도

1 보기 와 같이 대화를 완성해 보세요.

> 보기
>
> 가 컴퓨터가 고장이 났나 보네요. 수리하러 A/S 센터에 가 보세요.
>
> 나 수리를 <u>했는데도</u> 또 고장이 났어요. 이제 새로 사야겠어요.

(1) 가 카페라테를 마시면 배가 아프다고 하면서 왜 자꾸 카페라테를 마셔요?

　　나 _____ 맛있어서 자꾸 마시게 돼요.

(2) 가 이번에 새로 나온 휴대폰은 가격이 비싸서 많이 안 팔릴 것 같아.

　　나 아니야, _____.

(3) 가 저 학생은 집이 먼가 봐요. 오늘도 학교에 늦게 왔네요.

　　나 아니에요, _____.

(4) 가 책을 참 많이 읽으시네요. 그렇게 책을 많이 읽으면 한국어 실력도 많이 늘겠어요.

　　나 실력이 늘기는요. _____.

(5) 가 A 회사는 대기업이니까 월급을 많이 줄 것 같아요.

　　나 아니래요. _____.

A-(으)ㄴ 듯하다 V-는 듯하다

2 보기 와 같이 대화를 완성해 보세요.

> 보기 가 내일 날씨가 어떨까요?
>
> 나 내일은 날씨가 맑다고 하니까 오랜만에 파란 하늘을 <u>볼 수 있을 듯해요.</u>

(1) 가 내일 제가 영상 편집을 해야 하는데 좀 도와줄 수 있어요?

　　나 미안해요. 내일은 _____

(2) 가 첸 씨가 아까부터 안 보이네요. 어디 갔는지 알아요?

　　나 아까부터 배가 아프다고 하던데 _____

(3) 가 파비우 씨가 한식을 먹는 사진을 SNS에 또 올렸네요.

　　나 네, _____

(4) 가 엠마 씨가 오늘 조금 달라 보이는데 뭐가 바뀐 걸까요?

　　나 _____.

(5) 가 요즘 마크 씨가 전보다 건강해 보이네요.

　　나 _____.

○ 보기 를 참고해서 여러분의 경험을 써 보세요.

1

보기

나는 한국의 오래된 맛집을 좋아한다. 오래된 맛집들은 광고를 따로 **하지 않는데도** 항상 사람들이 많다. 좁은 골목에 **있는데도** 사람들이 잘 찾아온다. 그리고 음식이 푸짐한데 가격이 많이 저렴해서 놀랐던 적이 많다. 이런 맛집이 오랫동안 남아 있으면 좋겠다.

나는 ＿＿＿＿＿＿＿＿＿＿을/를 좋아한다. ＿＿＿＿＿＿＿＿＿

＿＿＿＿＿＿＿＿＿＿＿＿＿＿＿＿＿＿＿＿＿＿＿＿＿＿＿＿

＿＿＿＿＿＿＿＿＿＿＿＿＿＿＿＿＿＿＿＿＿＿＿＿＿＿＿＿

＿＿＿＿＿＿＿＿＿＿＿＿＿＿＿＿＿＿＿＿＿＿＿＿＿＿＿＿

2

보기

요즘 옆 반 친구들과 친하게 지내고 있다. 파비우 씨는 매일 축구 이야기를 하는 걸 보니 축구를 정말 **사랑하는 듯하다.** 카린 씨는 춤을 잘 추는 것 같다. 잠깐 춤을 추는 것을 봤는데 댄서 같은 느낌이었다. 빈 씨는 발이 **넓은 듯 하다.** 길에서 빈 씨에게 인사하는 친구들이 많다.

＿＿＿＿＿＿＿＿＿＿＿＿＿＿＿＿＿＿＿＿＿＿＿＿＿＿＿＿

＿＿＿＿＿＿＿＿＿＿＿＿＿＿＿＿＿＿＿＿＿＿＿＿＿＿＿＿

＿＿＿＿＿＿＿＿＿＿＿＿＿＿＿＿＿＿＿＿＿＿＿＿＿＿＿＿

＿＿＿＿＿＿＿＿＿＿＿＿＿＿＿＿＿＿＿＿＿＿＿＿＿＿＿＿

어휘와 표현

● 빈칸에 알맞은 말을 쓰세요.

SNS	콘텐츠	네티즌	미디어	실시간

1. 요즘은 멀리 있는 친구에게 이메일이나 전화 대신에 (   )(으)로 소식을 전한다.

2. 인터넷에서 글을 쓰거나 동영상 (   )을/를 만드는 사람을 크리에이터라고 한다.

3. K-Pop 뮤직비디오를 본 해외 (   )들의 반응을 소개하는 채널이 인기를 끌고 있다.

4. 자동차로 여행을 가기 전에 인터넷으로 (   ) 교통 정보를 확인하면 좀 더 빠른 길로 갈 수 있다.

5. 요즘 젊은 사람들에게는 개인이 온라인으로 방송하는 1인 (   )이/가 신문, 라디오, 텔레비전 등의 전통적 방식의 (   )보다 인기가 더 많다.

제작하다	전달하다	공유하다	신속하다	자극적이다

기자는 신문이나 뉴스를 통해 사건과 사고 등을 정확하게 6. _____ 한다. 그런데 요즘 인터넷 뉴스는 7. _____ 제목으로 사람들의 관심을 끌려고 노력할 뿐 정확한 정보를 전하려는 노력은 별로 하지 않는 것 같다. 인터넷 뉴스가 텔레비전 뉴스보다 8. _____ 소식을 알려 줘서 기다리지 않고 소식을 알게 되는 것은 좋지만 제목과 다른 내용의 기사를 접해서 불쾌함을 느낄 때도 있다. 누군가 올린 정보를 많은 사람들이 함께 9. _____ 수 있다는 것은 인터넷의 장점이지만 확인되지 않은 가짜 뉴스가 퍼질 수 있다는 것은 큰 단점이라는 생각이 든다. 이런 가짜 뉴스를 10. _____ 인터넷에 올리는 사람들을 막을 수 있는 법을 마련할 필요가 있는 듯하다.

읽기 1

1 다음은 무엇에 대한 글인지 고르십시오. (   )

> ## 아름다운 인터넷 세상! 우리의 손으로 만들어 갑시다.
>
> 여러분의 댓글은 여러분의 얼굴입니다.
>
> 다른 사람에게 상처를 주는 악플을 달지 마세요.

① 인터넷 예절

② 온라인 상담

③ SNS 이용 순서

④ 콘텐츠 공모전

읽기 2

1 다음을 순서대로 맞게 배열한 것을 고르십시오. (　　)

> (가) 누구나 인터넷상에서 콘텐츠를 생산할 수 있는 시대가 되었다.
>
> (나) 하지만 인터넷의 뉴스는 가짜 뉴스도 있기 때문에 잘 확인해 보는 것이 좋다.
>
> (다) 신문사나 방송국이 아니어도 누구든지 쉽게 정보를 만들어 낼 수 있게 된 것이다.
>
> (라) 최근에는 텔레비전보다 SNS에서 뉴스를 접하는 게 더 낫다는 사람들도 늘었다.

① (가)–(나)–(다)–(라)　　　　② (가)–(다)–(라)–(나)

③ (라)–(다)–(나)–(가)　　　　④ (라)–(다)–(가)–(나)

2 이 글의 내용과 같은 것을 고르세요. (　　)

> 무선 인터넷의 발달과 스마트폰의 보급으로 인해 언제 어디서나 정보를 공유할 수 있게 되면서 1인 미디어의 영향력은 점점 더 커지고 있다. 신속하게 소식을 전달하고 실시간 댓글로 사람들의 의견을 다양하게 들어볼 수 있기 때문에 사회적인 문제를 쉽고 빠르게 공유할 수 있다는 점에서 긍정적인 역할을 한다고 할 수 있다.
>
> 하지만 1인 미디어에 대해 우려되는 부분도 존재한다. 많은 사람들이 그 콘텐츠를 봐야 수익을 얻을 수 있기 때문에 사람들의 주목을 받기 위해 자극적인 제목의 콘텐츠를 제작해 사람들의 관심을 끌기도 한다. 사실이 아닌데도 사실인 것처럼 가짜 뉴스를 만들어 내기도 하고 어린이들에게 나쁜 영향을 미칠 만한 말이나 행동을 하는 경우도 있다.

① 1인 미디어로 인해 인터넷이 발달하고 스마트폰이 보급되었다.

② 1인 미디어는 실시간으로 사회 문제를 빠르게 공유할 수 있다는 장점이 있다.

③ 사회 문제 해결을 위해 자극적인 제목의 콘텐츠로 사람들의 관심을 끌기도 한다.

④ 어린이들이 나쁜 행동을 배울 수 있으므로 1인 미디어를 접하지 못하게 해야 한다.

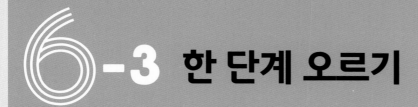

6-3 한 단계 오르기

1 다음을 참고하여 '1인 가구의 장·단점'에 대한 설문 조사 결과를 200~300자로 쓰세요.

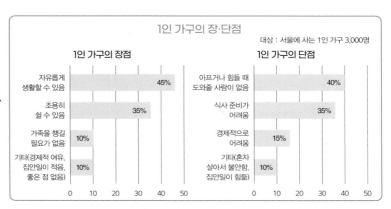

1인 가구의 장·단점

대상 : 서울에 사는 1인 가구 3,000명

1인 가구의 장점
- 자유롭게 생활할 수 있음: 45%
- 조용히 쉴 수 있음: 35%
- 가족을 챙길 필요가 없음: 10%
- 기타(경제적 여유, 집안일이 적음, 좋은 점 없음): 10%

1인 가구의 단점
- 아프거나 힘들 때 도와줄 사람이 없음: 40%
- 식사 준비가 어려움: 35%
- 경제적으로 어려움: 15%
- 기타(혼자 살아서 불안함, 집안일이 힘듦): 10%

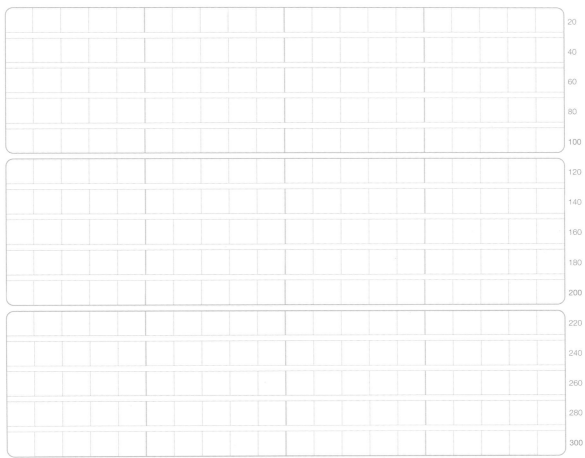

부록

정답

CHAPTER 1

소개

1-1 저는 친구들에게 활발하다는 이야기를 많이 들어요

A-다는 N   V-ㄴ/는다는 N

1. (1) 지하철 요금이 오른다는 뉴스를 봤어요.
   (2) 5살 아이를 찾는다는 방송이 나오고 있어요.
   (3) 어디에 가는지보다 누구와 가는지가 중요하다는 걸 느꼈어요.
   (4) 금강산도 식후경이라는
   (5) 손재주가 좋다는 것입니다.
   (6) 비가 올 거라는

A-(으)ㄴ 데다(가)   V-는 데다(가)

2. (1) 스트레스를 풀 수 있는 데다가 즐거움도 느낄 수 있다.
   (2) 듣기 연습을 할 수 있는 데다가 생활에서 사용하는 표현도 알 수 있게 된다.
   (3) 살이 빠진 데다 건강도 좋아져서
   (4) 사이즈가 작은 데다 저에게 안 어울려요.
   (5) 옷이 다 젖은 데다가 가방 안에 있는 교과서까지 다 젖어 버렸어요.
   (6) 건강이 나빠지는 데다가 수업 시간에 집중하기 힘들다.

어휘와 표현

1. 독창적인
2. 사교적인
3. 비관적인
4. 능동적인
5. 낙천적인
6. 수다스러운
7. 과묵해서
8. 발이 넓어서
9. 모험을 즐겨서
10. 성실하게

듣기 1

1. 요리 레시피를 찾아서
2. 불립니다
3. 낯을 가리는 데다가
4. 수다스러워집니다

듣기2

1. ②
2. ③
3. (1) ×   (2) ○   (3) ○   (4) ×
4. ④

1-2 홍대 앞은 젊은 사람들이 즐길 만한 것들이 많아요

V-(으)ㄹ 만하다

1. (1) 들을 만해요.
   (2) 요가는 따라 하기 쉬워서 한번 해 볼 만해요.
   (3) 아직 쓸 만해요.
   (4) 그 일을 맡길 만해요.
   (5) 근처에 편의 시설이 많아서 살 만해요.
   (6) (한번) 먹어 볼 만해요.

V-는 김에

2. (1) 머리를 자르는 김에 염색도 하려고 해요.
   (2) 제 샌드위치를 만드는 김에
   (3) 샤워한 김에 화장실 청소도 했거든요.
   (4) 문구점에 들르는 김에 필기할 공책 좀 사다 주세요.
   (5) 신발을 산 김에 어울리는 옷도 샀어요.

어휘와 표현

1. 작품
2. 길거리 공연
3. 조형물
4. 인디 밴드
5. 전시회
6. 감상했다
7. 끌고 있는
8. 상징하는
9. 사로잡았다
10. 생생한

읽기 1

1. (젊은이들), (이끄는)

읽기 2

1. ③
2. ④

CHAPTER **2**

직업

2-1 졸업하는 대로 취직을 한다든가 유학을 간다든가 할 거예요

V-는 대로

1. (1) 수업이 끝나는 대로 밥을 먹으러 갈 거예요.
   (2) 병원에서 퇴원하는 대로 영화를 보러 갈 거예요.
   (3) 비자가 나오는 대로 출국하려고 해요.
   (4) 준비가 되는 대로/준비가 끝나는 대로 행사를 바로 시작하겠습니다.
   (5) 출근하는 대로 이메일을 보내세요.

A-다든가 하다   V-ㄴ/는다든가 하다

2. (1) 샌드위치라든가 주먹밥이라든가 하는 간단한 음식을 많이 먹어요.
   (2) 세계 여행을 한다든가 집을 산다든가 하고 싶어요.
   (3) 커피를 마신다든가 세수를 한다든가 해 보세요.
   (4) 건강이 안 좋다든가 외롭다든가 할 때 고향이 그리워요.
   (5) 냉장고 문을 오래 열어 놓는다든가 음식을 너무 많이 넣어 놓는다든가 하면

어휘와 표현

1. 입사
2. 퇴사
3. 이직
4. 경력
5. 진로
6. 꿈꿨다
7. 경험을 쌓았다
8. 적성에 맞았다
9. 도전하기로
10. 접하는

듣기 1

1. 졸업하는 대로
2. 전공을 살려서
3. 적성에 맞는
4. 소설이라든가 영화라든가

듣기2

1. ②
2. ③
3. (1) ×   (2) ×   (3) ×   (4) ○

2-2 선생님의 조언에 따라서 크리에이터가 되었으면 해요

N에 따라(서)

1. (1) 날씨에 따라(서) 기분이 달라져요.
   (2) 계절에 따라(서) 다양한 꽃이 피어요./피는 꽃이 달라요.
   (3) 지역에 따라(서) 집 모양이 달랐어요.
   (4) 교통법에 따라(서) 벌금을 내야 해요.
   (5) 입맛에 따라(서) 골라 먹을 수 있어요.

A/V-았/었으면 하다

2. (1) 헤어졌으면 해.
   (2) 깨끗이 입고 돌려줬으면 해.
   (3) 부모님은 선물로 제가 직접 쓴 편지를 받았으면 하세요.
   (4) 고쳤으면 하는
   (5) 사람들에게 도움이 되었으면 하는

어휘와 표현

1. 기술직
2. 사무직
3. 전문직
4. IT 업종
5. 금융업
6. 보장되는
7. 삼기를
8. 밝지
9. 종사하는
10. 인정받기

읽기 1

1. ④

읽기 2

1. ④
2. ③

CHAPTER 3
건강한 생활

3-1 너무 스트레스를 받은 나머지 잠을 못 잤어요

A/V-(으)ㄴ 나머지

1. (1) 너무 기쁜 나머지 저도 모르게 소리를 지르고 말았는데
   (2) 반가운 나머지
   (3) 너무 힘든 나머지 고향에 가고 싶었던 적도 있었어요.
   (4) 무리하게 운동한 나머지 몸살이 났어요.
   (5) 많이 넣은 나머지 못 먹게 됐거든요.

A/V-(으)ㄹ지도 모르다

2. (1) 나올지도 모르니까 외우는 게 좋을 것 같아.
   (2) 알지도 모르니까 물어보세요.
   (3) 수업을 들을 수 있을지도 몰라요.
   (4) 안 끝났을지도 모르니까 문자를 보내 보세요.
   (5) 오늘은 안 갔을지도 몰라요.

어휘와 표현

1. 해소법
2. 불면증
3. 증상
4. 수면
5. 우울증
6. 예민한
7. 설칠

8. 떨어진다
9. 해치는
10. 앓게

듣기 1

1. 수업이 끝나는 대로
2. 너무 긴장한 나머지
3. 동문서답하기도
4. 자신감을 잃지 마세요

듣기2

1. ①
2. (1) × (2) × (3) ○ (4) ○
3. ④

3-2 우유를 마시기만 하면 배탈이 나곤 해요

V-기만 하면

1. (1) 보기만 하면 취직 이야기를 해서 부담스러워서요.
   (2) 만나기만 하면 사귀는 사람이 있냐고 물어보는 것 같아요.
   (3) 입기만 하면 안 좋은 일이 생기더라고요.
   (4) 보기만 하면 눈물이 나요.
   (5) 마시기만 하면 했던 이야기를 또 해요.

V-곤 하다

2. (1) 밖에 나가서 산책을 하곤 해요.
   (2) 불고기를 준비하곤 해요.
   (3) 혼자 집에서 조용히 쉬곤 해요.
   (4) 공부하다가 힘들면 친구들과 농구를 하곤 했어요.
   (5) 고향 친구들과 함께 직접 만들어 먹곤 해요.

어휘와 표현

1. 침
2. 한의원

3. 체질
4. 한약
5. 민간요법
6. 소식하는
7. 개선해야
8. 회복할
9. 예방할
10. 살펴야

읽기 1

1. (1) 열 체질
   (2) 냉 체질
   (3) 더위를 타서
   (4) 찬 성질의 음식

읽기 2

1. ④
2. ④

CHAPTER 4

소통과 배려

4-1 두 사람 사이가 얼마나 나쁜지 서로 말도 안 해요

V-는 둥 마는 둥 하다

1. (1) 너무 피곤해서 씻는 둥 마는 둥 하고 잠자리에 들었어요.
   (2) 청소를 하기 귀찮아서 바닥을 쓰는 둥 마는 둥 하고 닦았어요.
   (3) 매일 똑같은 잔소리를 해서 듣는 둥 마는 둥 하면서 딴 짓을 해요.
   (4) 대학 입학 준비로 바빠서 점심을 먹는 둥 마는 둥 하고 서류 준비를 해요.

얼마나(어찌나) A-(으)ㄴ지 / V-는지 (모르다)

2. (1) 우리 강아지는 얼마나(어찌나) 똑똑한지 사람들의 말을 다 알아들어요.
   (2) 출근 시간에 지하철이 얼마나(어찌나) 복잡한지 서 있기도 힘들어요.
   (3) 커피 종류가 얼마나(어찌나) 다양한지 고르는 것이 쉽지 않아요.
   (4) 내 방은 얼마나(어찌나) 좁은지 책상도 놓기 힘들어요.
   (5) 노트북이 얼마나(어찌나) 튼튼한지 여러 번 떨어뜨렸는데도 고장 난 적이 없어요.

어휘와 표현

1. 상처
2. 충격
3. 분노
4. 공격
5. 비난
6. 괴롭고
7. 반응하지
8. 털어놓고
9. 위로를 받을
10. 배려하면서

듣기 1

1. 신경 쓰고 있을 게 아니라
2. 배려하지 않고
3. 그러게 말이에요
4. 마음에 담아 두지 말아야겠어요

듣기2

1. ④
2. (1) ○ (2) × (3) ×
3. ③
4. ②

4-2 옆집 사람들이 밤늦도록 떠들어 대서 힘들어요

V-도록

1. (1) 밤새도록 이야기를 나눴어요.
   (2) 기차 출발 시간이 다 되도록 친구가 안 와요.
   (3) 2시가 넘도록 점심을 못 먹었어요.
   (4) 목이 터지도록 소리를 질렀어요.
   (5) 목이 빠지도록 기다리고 있어요.
   (6) 귀에 못이 박히도록 들었어요.

V-아/어 대다

2. (1) 시끄럽게 (쿵쿵) 걸어 대면 어떡해요?
   (2) 술을 마셔 대면 건강이 나빠질 거예요.
   (3) 먹어 대서 집중하기가 힘들었어요.
   (4) 아이스크림을 계속 먹어 대니까 배탈이 날 수밖에 없지요.
   (5) 사 대니(까) 생활비가 부족할 수밖에 없지요.

어휘와 표현

1. 갈등
2. 항의
3. 층간소음
4. 원인
5. 대응
6. 일반화되면서
7. 떠오르고 있다
8. 발생해서
9. 고통을 당하는
10. 요청할

읽기 1

1. (1) 소통
   (2) 직접
   (3) 관리 사무실
   (4) 적극적

1. ①
2. ④

CHAPTER 5

환경

5-1 지구 온난화가 심해진 탓에 기후 변화가 나타나고 있어요

A-(으)ㄴ 탓에   V-는 탓에

1. (1) 점심을 많이 먹은 탓에 아직도 배가 불러요.
   (2) 밤에도 기온이 너무 높은 탓에 잠을 잘 수가 없었어요.
   (3) 회의 시간을 잘못 적어 둔 탓에 회의에 늦었습니다.
   (4) 친환경 제품은 가격이 비싼 탓에 사람들이 사기에 부담스러운 것 같아요.
   (5) 요즘 재료비가 오른 탓에 음식값도 오르고 있다고 합니다.

N조차

2. (1) 간단한 대화조차 못해요.
   (2) 걸을 수조차 없어요.
   (3) 연락처는 물론이고 이름조차 못 물어봤어.
   (4) 주문조차 제대로 못 받았어요.
   (5) 가족조차 못 만났어요.

어휘와 표현

1. 폭염이 이어지고 있다.
2. 산불이 발생하는
3. 한파가 찾아와서
4. 홍수가 나서

5. 태풍이 불어
6. 가뭄이 들어
7. 온실가스
8. 이상 기후
9. 재난
10. 생태계
11. 멸종

듣기 1

1. 지구 온난화로 인해
2. 코앞에 닥친
3. 상상조차 하기 싫은

듣기 2

1. ④
2. ①
3. (1) ○   (2) ○   (3) ×
4. ④

5-2 일회용품을 계속 사용하다가는 환경 오염이 심해질 게 뻔해요

V-다가는

1. (1) 그렇게 계속 책상 앞에 앉아 있다가는 허리 디스크에 걸릴 수 있어요. 한 번씩 자리에서 일어나서 허리를 펴 주세요.
   (2) 그렇게 계속 SNS만 보고 있다가는 SNS에 중독될지도 몰라요. SNS를 하는 시간을 좀 줄여 보세요.
   (3) 그렇게 건강 관리를 안 하다가는 성인병에 걸릴 수 있으니 술을 좀 줄이라고 말해 보세요.
   (4) 이렇게 한파가 계속되다가는 농작물이 다 얼어 죽을 거예요.
   (5) 이렇게 사람들이 아이를 낳지 않다가는 머지않아 인구가 절반으로 줄어들 거예요.

A/V-(으)ㄹ 게 뻔하다

2. (1) 동생을 따라가면 너도 쇼핑을 할 게 뻔해.
   (2) 한 번도 일찍 온 적이 없으니까 오늘도 늦을 게 뻔해요.
   (3) 안 뽑힐 게 뻔해서 안 할래요.
   (4) 돈만 보고 이직하면 나중에 후회할 게 뻔해요.
   (5) 잘못했을 때 야단치지 않으면 버릇없는 아이로 자랄 게 뻔해요.

어휘와 표현

1. 수질 오염
2. 대기 오염
3. 재활용
4. 일회용품
5. 친환경
6. 묻는다
7. 줄이고
8. 분리해서
9. 배출하는
10. 수거하지

읽기 1

1. ③

읽기 2

1. ④
2. ②

6-1 일을 하면서 아이를 셋이나 키우다니, 대단해요

V-(으)ㄴ 채(로)

1. (1) 쓰지 못한 채로
   (2) 고개를 숙인 채로 휴대폰을 봤더니 목이 아파요.
   (3) 엎드린 채로 잠이 들었어요.
   (4) 얼굴도 못 본 채 결혼하는
   (5) 무시한 채

A/V-다니

2. (1) 믿다니
   (2) 케이크를 만들다니, 대단해요.
   (3) 담배를 끊다니, 대단해요.
   (4) 우리가 같은 반이 아니라니, 아쉽다.
   (5) 4급 문법이 쉽다니, 나는 너무 어려운데.

어휘와 표현

1. 의료
2. 수도권
3. 인구
4. 출산율
5. 저출산
6. 화제가 되고
7. 치열해서
8. 바라봐야
9. 지적하면서
10. 기울여야

듣기 1

1. 인구 문제
2. 출산율이 지속된다면

3. 줄어들 거라고

4. 사라질지도 모른다고

듣기2

1. ③

2. (1) X   (2) X   (3) ○   (4) ○

3. ②

6-2 사실이 아닌데도 사실인 것처럼 이야기해요

A-(으)ㄴ데도   V-는데도

1. (1) 카페라테를 마시면 배가 아픈데도

(2) 가격이 비싼데도 잘 팔리고 있대.

(3) 집이 가까운데도 학교에 늦게 와요.

(4) 책을 많이 읽는데도 한국어 실력이 늘지 않아요.

(5) 대기업인데도 월급을 많이 안 준대요.

A-(으)ㄴ 듯하다   V-는 듯하다

2. (1) 바쁠 듯해요. (시간이 없을 듯해요.)

(2) 화장실에 간 듯해요.

(3) 한식을 정말 좋아하는 듯해요.

(4) 머리를 자른 듯해요.

(5) 요즘 운동을 꾸준히 하는 듯해요.

어휘와 표현

1. SNS

2. 콘텐츠

3. 네티즌

4. 실시간

5. 미디어, 미디어

6. 전달해야

7. 자극적인

8. 신속하게

9. 공유할

10. 제작해서

읽기 1

1. ①

읽기 2

1. ②

2. ②

MEMO

MEMO

MEMO

MEMO

Hi! KOREAN 4A
Workbook

지은이 김지수, 박선영, 안용준, 함윤희
펴낸이 정규도
펴낸곳 (주)다락원

초판 1쇄 인쇄 2023년 11월 21일
초판 1쇄 발행 2023년 11월 25일

책임편집 이숙희, 손여람
디자인 김나경, 안성민, 김희정
일러스트 윤병철
번역 Jamie Lypka
이미지출처 shutterstock, iclickart

다락원 경기도 파주시 문발로 211, 10881
내용 문의 : (02)736-2031 내선 420~426
구입 문의 : (02)736-2031 내선 250~252
Fax : (02)732-2037
출판등록 1977년 9월 16일 제406-2008-000007호

ISBN 978-89-277-3326-3 14710
      978-89-277-3313-3 (set)

http://www.darakwon.co.kr
다락원 홈페이지를 방문하시면 상세한 출판 정보와 함께
MP3 자료 등 다양한 어학 정보를 얻으실 수 있습니다.